数字化驱动新型智慧博物馆发展研究

RESEARCH ON THE DEVELOPMENT OF NEW SMART MUSEUMS DRIVEN BY DIGITALIZATION

弭辉 著

黄河出版传媒集团
宁夏人民出版社

图书在版编目（CIP）数据

数字化驱动新型智慧博物馆发展研究 / 弭辉著. -- 银川：宁夏人民出版社，2023.11
ISBN 978-7-227-07913-2

Ⅰ.①数… Ⅱ.①弭… Ⅲ.①数字技术 – 应用 – 博物馆 – 研究 – 中国 Ⅳ.①G261-39

中国国家版本馆CIP数据核字（2024）第022790号

数字化驱动新型智慧博物馆发展研究　　　　弭辉　著

责任编辑　陈　晶
责任校对　杨敏媛
封面设计　方　勇
责任印制　侯　俊

黄河出版传媒集团
宁夏人民出版社　出版发行

出 版 人　薛文斌
地　　址　宁夏银川市北京东路139号出版大厦（750001）
网　　址　http://www.yrpubm.com
网上书店　http://www.hh-book.com
电子信箱　nxrmcbs@126.com
邮购电话　0951-5052104　5052106
经　　销　全国新华书店
印刷装订　宁夏报业传媒集团印刷有限公司
印刷委托书号　（宁）0029354

开　　本　880 mm×1230 mm　1/16
印　　张　13.5
字　　数　160千字
版　　次　2023年12月第1版
印　　次　2023年12月第1次印刷
书　　号　ISBN 978-7-227-07913-2
定　　价　48.00元

版权所有　侵权必究

序　言

我们置身于一个充满创新与机遇的时代，这个时代由数字技术、文化遗产保护、观众互动，以及教育传播的交融所塑造，正快速改变着传统博物馆的面貌。智慧博物馆作为这一变革的重要典范，不仅重新诠释了博物馆的使命，更为我们提供了全新的文化遗产保护和传承的范式。

博物馆作为文化遗产的守护者和传播者，承载着人类文明和历史的宝贵记忆，是连接人类过去、现在和未来的桥梁，主要通过展览和收藏品等方式向观众传递知识、启迪思考，并积极推动文化的传承。然而，随着社会的发展和科技的进步，博物馆也需要适应新的时代，更好地满足观众需求，保护文化遗产，持续发挥其教育和社会功能。

21世纪初，数字技术迅速崛起并普及，带来了前所未有的机遇与挑战。5G、大数据、云计算、物联网、人工智能、AR/VR/MR/XR、数字孪生等技术的应用，以及现今元宇宙的突破性发展，彻底改变了人们获取信息和文化体验的方式。这些先进技术不仅改变了人们日常生活的方方面面，也深刻影响着博物馆领域的发展变革。

在此背景下，智慧博物馆的发展探索应运而生，旨在将数字技术融入博物馆的各个方面，从文物保护到观众互动，从教育传播到文化创新，重新定义博物馆的角色和功能。智慧博物馆不再只是静态的展示场所，而成为充满活力、生命力和互动性的文化中心，以更加智慧的管理、更加智慧的保护和更加智慧的服务为观众提供更多样化、个性化的体验。

本书涵盖七个篇章，每个章节均深入探讨智慧博物馆的不同层面，且各有其目标和重点。首先，本书从我国博物馆的发展历史入手，通过相关数据和实际案例梳理了当前的发展状况。随后，从博物馆数字化到智慧化建设的进程角度，深入剖析了智慧博物馆建设的历史沿革、改革发展路径，以及实际应用中的典型探索。此外，本书还对智慧博物馆建设的相关政策及标准规范进行了解读，详细阐述了知识图谱、人工智能、数字孪生、元宇宙等前沿科技在智慧博物馆建设中的创新应用和数智赋能的典型范式。最后，对我国智慧博物馆的未来发展方向进行了探讨。通过本书内容，作者期望读者可以较全面深入地了解数字化驱动新型智慧博物馆发展的本质和意义，以及其在文化遗产保护和博物馆事业中的作用。本书可为文博领域专家学者、博物馆从业者、政策规范制定者，以及广大文博爱好者等，提供有关智慧博物馆建设发展和研究探讨的参考。

最后需要指出的是，本书与作者在2020年所著的《新型智慧博物馆发展趋势》（吉林文史出版社）虽然都是围绕新型智慧博物馆进行阐述，但随着近年来前沿科技和社会的飞速发展，如果读者在阅读过程中发现概念和理解上存在冲突，应以本书内容为准。在撰写本书时，作者已尽力确保内容的准确性、完整性和前瞻性，然而，由于专业资料的有限和个人认知的局限，书中可能仍存在一些疏漏。衷心希望各位专家学者、智慧博物馆建设领域的专业人士，以及广大读者能够不吝赐教，提出宝贵的意见和建议，以帮助作者在未来的修订研究中不断改进和完善。

弭　辉
2023年11月1日

目 录

第一章　我国博物馆的发展历史及现状　　1
　　第一节　博物馆的通用定义及定位　　2
　　第二节　我国博物馆的发展历史及现状　　5
　　第三节　我国博物馆近年发展报告分析　　14
　　第四节　我国文博数字化报告分析　　25

第二章　智慧博物馆的实践发展路径　　40
　　第一节　智慧博物馆的概念辨析　　41
　　第二节　博物馆数字化驱动智慧化　　49

第三章　智慧博物馆建设的改革发展　　64

第四章　智慧博物馆的建设思路模型　　77

第五章　智慧博物馆的建设标准规范　　102

第六章　智慧博物馆建设的实践探索　　130
　　第一节　智慧博物馆的前沿技术探索　　131
　　第二节　数智赋能智慧博物馆的实践　　155

第七章　智慧博物馆的未来与发展　　171

参考文献　　186
附　录　　188

第一章　我国博物馆的发展历史及现状

博物馆是人类文明的载体,党和国家领导人始终高度重视博物馆事业的发展,习近平总书记曾精辟指出,博物馆是保护和传承人类文明的重要殿堂,是连接过去、现在、未来的桥梁,在促进世界文明交流互鉴方面具有特殊作用。十一届三中全会后,我国开始实行对内改革、对外开放的政策,改革开放至今已历经45载,我国博物馆事业也随着时代发展的步伐发生了历史性变革,博物馆体系日益完善,从1978年的349家增至2022年的6565家。尤其是党的十八大以来,我国博物馆在场馆建设、文物保护、藏品研究、陈列展览、开放服务、教育传播、国际交流等方面不断取得进展,日渐成为世界博物馆发展的中心。全国文博系统秉承优化创新、绿色、开放、共享的理念,优化博物馆体系布局,坚守中华文化立场,推动创造性转化和创新性发展,全面展示中华文明起源、发展脉络、伟大成就,以及重要贡献。当前,我国已基本形成类型丰富、主体多元、普惠均等的现代博物馆体系,坚持将满足人民文化需求与增进精神力量相统一,不断优化公共文化服务供给,促进人的全面发展和社会的全面进步,不仅成为人民美好生活的重要组成部分,也在为推动构建人类命运共同体贡献中国力量和中国智慧。

第一节　博物馆的通用定义及定位

博物馆作为社会历史文化传承的重要载体,是理解过去、思考当下、启示未来的重要公共文化场所。早在2007年,国际博物馆协会于维也纳召开的全体大会便已形成共识:"博物馆是一个为社会及其发展服务的、向公众开放的非营利性常设机构,其主要职能是为教育、研究、欣赏的目的征集、保护、研究、传播并展出人类及人类环境的物质及非物质遗产。"2022年5月,国际博物馆协会发布了经特别咨询委员会会议投票产生的两个博物馆定义最终提案,并于2022年8月在布拉格举办的国际博物馆协会特别全体大会上进行最终表决。

提案一:博物馆是常设的非营利机构,面向公众,为社会服务。它以专业的、符合道德且可持续的方式研究、收集、保护、阐释和展示物质和非物质的文化与自然遗产,致力于提供教育、深思和欣赏。博物馆以具有包容性、多样性和参与性的方式进行运营并与社区和公众进行交流。

提案二:博物馆是为社会服务的非营利性常设机构,它研究、收藏、保护、阐释和展示物质与非物质遗产。向公众开放,具有可及性和包容性,博物馆促进多样性和可持续性。博物馆以符合道德且专业的方式进行运营和交流,并在社区的参与下,为教育、欣赏、深思和知识共享提供多种体验。

综合两个提案,博物馆是为社会及其发展服务的、向公众开放的非营利性常设机构,公益性、公共性、服务性、持续性等是博物馆的基本定位。

2015年2月9日,中华人民共和国国务院令(第659号)公布并于2015年3月20日起施行的《博物馆条例》中明确规定:"博物馆,是指以教育、研究和欣赏为目的,收藏、保护并向公众展示人类活动和自然环境的见证物,经登记管理机关依法登记的非营利组织。"这也是目前我国关于博物馆最权威的定义。在2017年3月开始施行的《中华人民共和国公共文化服务保障法》中又明确了博物馆的公共文化服务性,是指由"政府主导、社会力量参与,以满足公民基本文化需求为主要目的而提供的公共文化设施、文化产品、文化活动以及其他相关服务"。根据以上两项法律条例,确定我国博物馆的机构属性为公共文化服务机构和非营利组织,需经登记管理机关依法登记。在此需要加以说明的是,非营利性不是意味着禁止博物馆开展经营活动,这与博物馆在保持公益性和不得从事文物等藏品的商业经营活动的前提下,立足市场开展适度经营活动而产生的正当经济收入并不矛盾,但不得损害观众利益。如2021年8月,文化和旅游部、中共中央宣传部、国家发展和改革委员会、财政部、国家文物局等部门联合印发《关于进一步推动文化文物单位文化创意产品开发的若干措施》,允许部分博物馆试点单位设立从事文化创意产品开发的企业,鼓励多家试点单位联合与社会资本合作设立企业等,从政策措施、激励机制等方面对开展经营活动进行了保障。另外,《博物馆条例》还对国有博物馆和非国有博物馆(也称"民办博物馆")这两种所有制形式的定位做了明确规定:"博物馆包括国有博物馆和非国有博物馆。利用或者主要利用国有资产设立的博物馆为国有博物馆;利用或者主要利用非国有资产设立的博物馆为非国有博物馆。"[①]

从基于藏品、功能、观众等的个性化定位视角出发,依照收藏展示内容,可划分为历史类、艺术类、自然类、科学与技术类和综合类等;按

[①] 广东省博物馆协会:《博物馆工作指南》[M],桂林:广西师范大学出版社,2023年。

照功能,则可分为收藏与保护型、研究型、教育型、互动观光型;依据管理体制,能划分为国家级、省(自治区、直辖市)级、市级、区县级;根据目标观众,又可分为儿童类、妇女类、社区类、高校类等。不同类型、不同地区的博物馆,其主要宗旨和定位因藏品、征集、保管、研究、展览、社教、文创、服务等方面的状况不同,以及历史文化、地方特色文化的差异而各有侧重。例如,中国国家博物馆是代表国家对中华文化代表性物证进行收藏、研究、展示与阐释,肩负着留存民族集体记忆、传承国家文化基因、促进文明交流互鉴的重要使命,它也是国家文化客厅,是打造彰显民族发展历程、记录民族复兴伟业的历史长廊,是展现中华文明永恒魅力和时代价值的文化殿堂,是激励人民坚定信心、团结奋斗的精神家园,是中国博物馆高质量发展的行业标杆,是引领文博事业发展的人才高地,旨在建设国家最高历史文化艺术殿堂。[1]而宁夏博物馆,是为社会及其发展服务的、向公众开放的非营利性常设机构,以教育、研究、欣赏为目的,收藏、保护、研究、传播并展出人类及人类生存环境的物质及非物质文化遗产。秉持传承文明、启迪民智、弘扬先进文化理念,致力于发展宁夏文博事业,为人民群众提供公共文化服务。[2]《博物馆条例》同样也要求设立博物馆应当制定章程,章程需涵盖办馆宗旨和业务范围、藏品展示、保护、管理、处置的规则、资产管理和使用规则、组织管理制度等,各项工作均要按照和围绕宗旨来推动,塑造对应的公共品牌形象,为人民提供更多、更优质的公共文化服务。

---

[1] 中国国家博物馆:《中国国家博物馆简介》[EB/OL], http://www.chnmuseum.cn/gbgk/gbjj。
[2] 宁夏回族自治区博物馆:《宁夏回族自治区博物馆章程》[EB/OL], http://www.nxbwg.com/a/35.html。

第二节 我国博物馆的发展历史及现状

博物馆作为文化机构,致力于对各种类型的文化和自然遗产进行收藏、保护、研究以及展示,以服务于公众教育与娱乐需求。博物馆的主要职责涵盖对艺术品、历史文物、自然标本、科学展品等的收藏、保存与展示,从而使人们可以更好地理解历史、文化、自然界和科学知识。我国的博物馆事业发展始于清末民国初,迄今已有逾百年的风云历史,回顾百年沧桑,博物馆的发展始终与时代步伐保持同频共振。

图1-1 1838年出版的《美理哥合省国志略》首次提到"博物院"一词

我国近代意义上的博物馆是在19世纪晚期开始,在西学东渐的过程中从西方借鉴而来。在此之前,我国古代多为各类公私收藏机构和纪念性祠堂,例如商朝,贵族王室便开始将文物收集于宗庙之中;周朝,出现了掌管祖庙收藏的天府以及掌管王室金玉的玉府;春秋时期,鲁哀公建立了孔子庙堂,这也是我国最早的纪念性博物馆。汉朝将内府的图书典籍、宝藏文物等藏于多地,后续还有西汉汉宣帝所建悬挂11位功臣画像的麒麟阁,东汉汉明帝所建的二十八将云台,唐朝唐太宗所建纪念24位开国功臣的凌烟阁,还有蜀汉时期诸葛武侯祠、南宋的岳飞祠庙、明朝的文丞相祠等。我国最早接触博物馆的概念,起始于以林则徐、魏源等为代表的最早一批觉醒的中国人,清政府也陆续派遣官员、学生等知识分子前往国外,这些人带回来一些有关博物馆的思想认知。据考证,目前能找到的汉语词汇"博物院",最早出现在道光十八年也就是1838年,美国传教士所著的《美理哥合省国志略》,该书提及"省城内有一博物院,广聚天下出类拔萃之物……"至19世纪,各国传教士、商人等陆续在中国的澳门、上海、济南、天津等地创设了各类博物馆。这些创办主体均由外国势力所控制,只是馆所在中国,藏品来自中国,可以理解为是西方博物馆的分支衍生。

1898年戊戌变法(百日维新)之时,光绪皇帝曾对维新派建立博物馆予以支持,随着变法失败被终止,1900年庚子国变后,在清政府实行慈禧新政的背景下,各地纷纷开设了各类陈列馆、陈列所,旨在利用公开陈列实物的方式推动现代教育、商业、工业和农业等的发展,这成为我国后续发展各类行业性博物馆、展览馆的开端。1905年,晚清状元、近代爱国主义者、著名实业家和教育家张謇在濠河之滨建立了南通博物苑,这是中国人创办的第一座近代意义上的公共博物馆,也是第一座学校博物馆。1910年由直隶总督端方(晚清收藏第一人)在北京琉璃厂创办了我国最早的私人博物馆——陶斋博物馆,并以个人"所藏金石书画、古器捐设",据粗略统计,端方收藏青铜器、书画等金石器物四千余件,这还不包括数以千计的碑帖拓本和善本古籍等。

张謇(1853—1926),字季直,我国第一位被世界承认的企业家,他集士子、文人、状元、实业家、政治家、教育家、慈善家等多重身份于一身,创造了中国近代史上令人瞩目的成就,倾其一生心血,成就实业、教育、慈善传世嘉业。张謇一生致力于践行"实业救国""父教育,母实业"思想,为中国近代民族工业的兴起、教育事业的发展作出了宝贵的贡献。他以大生纱厂为核心,陆续创办了棉纺、发电、面粉、盐垦、银行、航运、玻璃、酿造、铁冶、榨油、造纸、

图1-2 南通博物苑创办者——张謇

电话、肥皂等50余家企业,形成了一个轻重工业并举、工农业兼顾、功能互补的地方工业体系,一度成为全国最大的民族企业集团。他用实业所得,大力兴办普通教育、职业教育、特殊教育和大学教育,创办了中国第一所师范学校、第一所本科制女子师范学校、第一所盲哑特殊教育学校和第一所盲哑师范教育机构,参与复旦大学、南京大学、同济大学、东南大学、苏州大学等高校的创办,创办各类学校计370多所,初步形成了以基础教育和农、工、商、科技为中心,包括学前、初等、中等和高等教育在内的较为完整的近代教育体系。

张謇是中国近代博物馆发展史的开拓者和先行者,1903年他赴日考察实业和教育时参观了当地博物馆和展览会,深感学校、图书馆、博物馆等公共文化设施在国家文明进步中具有极其重要的作用。1905年,张謇从日本回国之后,很快向清政府呈上了《上学部请设博物馆议》和《上南皮相国请京师建设帝国博物馆议》两份奏折。在奏折中,他首先恳切地说明了建立博物馆对振兴教育、推进学术研究的作用,然后联系中国国情,条分缕析地对博物馆、图书馆这种现代概念进行本土化说明,并对建筑施工和藏品筹备等事宜做了合理规划。此外,他还将展陈内容划分为自然物品、历史物品和美术作品三大类,这在当时的亚洲乃至世界范围内都是非常先进的博物馆管理理念。然而,昏庸的清政府对他的两份奏折置之不理。张謇不甘心放弃,决定凭借自己的实力回到家乡南通自建一座博物馆,实现这个伟大的理想。他以个人资产在自己创办的南通师范学校附近购并民房29间,迁移荒冢3000余座,平土筑垣,并广泛搜集中外动植矿工之物,乡里金石,先辈文笔,亲自制图设计陈列柜,历经千难,终于使南通博物苑初具规模,之后,全国各地陆续建立起了博物馆或陈列室。张謇1905年创办的南通博物苑是中国近现代文化史上的重大事件之一,在中国博物馆发展史上留下了重要一笔,江苏也因此成为中国博物馆事业的起源地。张謇后来出任国民政府实业总长,但他仍然非常关心国立博物馆的发展问题,1913年,张謇发表了《国家博物院、图书馆规画条议》,进一步表达了自己对国家博物馆实业的见解,他的很多理论与实践成果至今仍然在用,对我国博物馆事业作出了永载史册的巨大贡献。

　　目前所能见到的最早关于南通博物苑建设的文字记载是晚清光

绪三十一年（1905年）张謇日记中的规划博物苑，《南通地方自治十九年之成绩》在"博物苑"条内记载：光绪三十一年完成征购土地、迁居移坟后，于十一月开始"筑苑垣，建苑表门、苑门房，规划苑内外道路"。由此可见，博物苑的建设那时就已经开始了。在博物苑的创办、规划、建设过程中，张謇以自己对博物馆职能的深切理解，创造性地将中国

南通博物苑中馆（早期） 南通博物苑南馆（早期）

南通博物苑北馆（早期） 南通博物苑谦亭（早期）

清末南通州博物苑图 1914年民国南通县博物苑图

图1-3 南通博物苑早期建筑

古代苑囿艺术和西方近代博物馆理论相融合,营建成一种陈列馆舍与园林环境有机结合的形式,使博物馆在中国诞生之时,就体现出浓郁的本土化民族特色。①南通博物苑初建时,藏品分天产(即自然)、历史、美术、教育四部,有北馆、南馆、中馆三座主要展馆建筑及谦亭、荷花池、国秀坛、风车、水塔、瀑布等。楼上陈列历史文物,楼下为自然标本,室外树大型石刻、造像,文物及标本的陈列或分地区,或分年代,各附说明。这座综合性博物馆不仅藏品分类科学,而且在展陈设计方面颇费心思,对参观路线和参观效果做出了精细的预估,很多藏品对历

| 南通博物苑中馆 | 南通博物苑南馆 |
| 南通博物苑北馆 | 南通博物苑张謇故居 |

图1-4 南通博物苑建筑(近照)

① 南通博物苑:《中国第一馆》[EB/OL],http://www.ntmuseum.com/pcweb/home/firstPavilion。

史、美术等概念的诠释非常现代,并聘请精通多国语言的人进行导览讲解,这些工作与今天的博物馆、美术馆相比仍很先进。

南通博物苑的建立彰显着国内实业家对保护传统文化遗产和反抗外国文化侵略所做的努力,也昭示着在迷雾中对救国之路的探索,后由于抗日战争,很多文物被抢走或毁掉,加速了博物馆的衰败,直到抗战胜利后才开始逐步修复。如今的南通博物苑新老建筑组合和谐,浓郁的文化氛围和优美的园林环境既展现了历史的典雅,也洋溢着新时代的光辉。在南通博物苑的南馆二楼月台上悬挂着张謇亲书的一副对联:"设为庠序学校以教;多识鸟兽草木之名"。这也是南通博物苑的办苑宗旨,该苑是一座融汇中国古代园林与近代博物馆理念的"园馆一体"的综合性博物馆,于1988年被国务院列为全国重点文物保护单位,2008年跻身国家首批一级博物馆行列,也是公众接受爱国主义教育的重要基地。

辛亥革命后,各地掀起修建博物馆的热潮。1912年7月9日,民国北洋政府教育部在北京国子监筹设国立历史博物馆,该馆筹备处由蔡元培倡导成立,鲁迅建议勘选国子监为馆址。国立历史博物馆是我国首座由政府筹建和管理的博物馆,它标志着我国的国立博物馆事业自此起步,同时也是现今中国国家博物馆的前身。1925年10月10日故宫博物院正式成立并对外开放,翻开了我国博物馆发展史的重要一页,这是在明、清两代皇宫及其收藏的基础上建立的国家级大型综合性博物馆,也是我国最大的古代文化艺术博物馆。随着南京国民政府在形式上统一全国,我国的博物馆事业开始迅速发展,各地陆续建立省立、市立博物馆,如河南博物馆(1927年)、兰州市立博物馆(1928年)、广州市立博物院（1929年）、浙江省立西湖博物馆（1929年）、国立中央博物院筹备处（1933年）、广西省立博物馆（1934年）、上海市立博物馆（1937年）等。1936年在北京还成立了中国博物馆协会，抗战爆发前我国博物馆数量已经达到了77家，后因连年战乱，到1949年中华人民共和国成立时仅存下21家。

新中国成立后，党中央高度重视发展为人民服务的博物馆事业，在文化部设立文物事业管理局，专门管理全国文物与博物馆事业，1949年到1952年主要对原有博物馆进行改造整顿，1952年后博物馆事业开始蓬勃发展，中国革命博物馆、中国历史博物馆、中国人民革命军事博物馆三大馆的建立是20世纪50年代我国博物馆事业迅猛发展的重要标志，为全国各地博物馆建设起到示范作用，到1958年全国博物馆达到了360家。从1978年改革开放至今45年时间里，全国博物馆在数量、类型、质量、分布、创办主体方面，呈现出多元井喷的显著特征，2008年，国家文物局开启博物馆评估定级工作，大力推动博物馆管理体制机制创新。"十三五"以来，我国新增一家博物馆平均只需要两天，截至2020年，全国已达到每25万人拥有一座博物馆，宁夏、陕西、北京等地达到平均11万—13万人就拥有一座博物馆，其中超过90%的博物馆实现了免费向公众开放，越来越多的群众能方便地享受博物馆服务和资源。2022年，国家文物局发布的数据显示，我国博物馆总数已达6565家，排名全球前列。

党的十八大以来，文博系统不断优化体系布局，加大改革力度，提升服务效能，我国类型丰富、主体多元、梯队多层、普惠均等的现代博物馆体系基本形成。中共中央宣传部、国家发展和改革委员会、教育部、科技部、民政部、财政部、人力资源和社会保障部、文化和旅游部、国家文物局于2021年5月联合印发的《关于推进博物馆改革发展的指导意见》中明确:"以习近平新时代中国特色社会主义思想为指导,坚持以人民为中心,坚持守正创新,坚持创造性转化和创新性发展,秉承新发展理念,将博物馆事业主动融入国家经济社会发展大局,加强考古成果和历史研究成果的转化与传播,为坚定文化自信、传承中华文明、推动中国特色社会主义文化繁荣发展、满足人民美好生活需要、建设社会主义文化强国、实现'两个一百年'奋斗目标和中华民族伟大复兴中国梦做出积极贡献。"[1]同年,国务院办公厅印发《"十四五"文物保护和科技创新规划》,将博物馆之城建设上升为国家文化发展战略的重要内容,目前我国已有北京、上海、南京、西安、成都、太原等超30个城市启动了"博物馆之城"计划,建设"博物馆之城",是一项有利于提升城市文化品位、展示城市文化魅力、促进城市文化创新的重要举措。总之,从改革开放以来,我国对于文化产业的发展越来越重视,极大促进了博物馆事业的蓬勃繁荣发展,已形成以中央、地方共建国家级博物馆为龙头,国家一、二、三级博物馆和重点行业博物馆为骨干,国有博物馆为主体,民办博物馆为补充的博物馆公共服务体系,实现了辐射全国、面向世界的资源共享,进入高质量发展的世界博物馆强国建设过程。

---

[1] 《中央宣传部 国家发展改革委 教育部 科技部 民政部 财政部 人力资源和社会保障部 文化和旅游部 国家文物局关于推进博物馆改革发展的指导意见》[EB/OL], https://www.gov.cn/zhengce/zhengceku/2021-05/24/content_5610893.htm?eqid=e5c4aaa1000331e10000000664 5afe5e。

第三节　我国博物馆近年发展报告分析

博物馆是人类收藏历史记忆、熔铸新文化的殿堂,它连接着过去、现在与未来,在不同国家、地区、民族之间搭建起沟通的桥梁,担负着收藏、保护、研究和展示人类文明发展成果,推动世界文明发展的重要职能。可以说,博物馆发展水平是衡量一个国家和地区经济发达程度、社会文化程度的重要标志,因此,习近平总书记曾强调要让"收藏在博物馆里的文物、陈列在广阔大地上的遗产、书写在古籍里的文字都活起来,丰富全社会历史文化滋养"。我国是一个博物馆大国,从既往的发展历程可以看到,在党和政府的高度重视下,经过无数文博人的努力,博物馆数量增速和软硬件水平目前已居世界前列,基本形成了门类丰富、特色鲜明、专题突出、分布广泛的博物馆发展新格局。我国博物馆事业在"十三五"期间如期实现了平均每25万人拥有一座博物馆的发展目标,基本完成了既定任务、重大项目和定量指标,呈现出免费开放持续深化、文物保护能力日益强化、公共服务效能显著提升和社会影响力不断提高等特征。近年来,从中央至地方,有关"十四五"文旅和文博发展规划相继出台。2021年3月13日《中华人民共和国国民经济和社会发展第十四个五年规划和2035年远景目标纲要》(简称"十四五"规划)发布,在此规划中2次提到博物馆、4次提到考古、6次提到文物、10次提到文化遗产。同年5月24日,中共中央宣传部等9部门联合印发《关于推进博物馆改革发展的指导意见》,同年6月2日,文化和旅游部印发《"十四五"文化和旅游发展规划》后各省、自治区、直辖市也对应发布了文化和旅游发展"十四五"规划,同年10月28日国务院发布《国务院办公厅关于印发"十四五"文物保护和科技创新规划的通知》。不少省、自治区、直辖市针对文物博物馆事业还发布了专项"十四五"规划,如北京市文物局发布《北京市"十四五"时期文物博物馆事业发展规划》、陕西省文物局发布《陕西省"十四五"博物馆事业发展规划》、河南省文物局发布《河南省文物博物馆事业发展"十四五"规划》、浙江省文物局发布《浙江省文物博物馆事业发展"十四五"规划》,宁夏也印发实施了《宁夏回族自治区文物事业发展"十四五"规划》。

根据2023年2月22日《国家文物局关于公布2021年度全国博物馆名录的通知》,截至2021年,全国备案博物馆6183家,其中国有博物馆4194家(文物行政部门管理的国有博物馆3252家,其他行业性国有博物馆942家)、非国有博物馆1989家;国家一、二、三级博物馆共1218家,占全国博物馆总数的18%,其中国家一级博物馆204家、国家二级博物馆448家、国家三级博物馆566家。[①]得益于博物馆人的不懈努力,在人民群众文化需求日益增长的大环境推动下,社会大众逐渐形成了可称之为"博物馆文化"的消费意识,越来越多的国人把"打卡博物馆"作为一种重要的文化生活方式和组成方式,尤其是青少年一代这个特定人群比例更高。即便在2020年新冠疫情肆虐全球而导致的人类健康与社会公共安全面临空前危机的时期,在疫情防控常态化采取限流措施和博物馆普遍长期闭馆的情况下,我国各地仍推出陈列展览2.9万余个、教育活动22.5万余场、接待观众5.4亿人次,其中未成年观众1.3亿

---

① 《国家文物局关于公布2021年度全国博物馆名录的通知》[EB/OL],2023-02-22,http://www.ncha.gov.cn/art/2023/3/1/art_2237_46047.html。

人次,网络观众更是数以亿计。①2023年"5·18国际博物馆日"中国主会场活动开幕式在福建博物院举行,国家文物局在开幕式发布的最新中国博物馆发展数据显示,2022年我国新增备案博物馆382家,全国博物馆总数达6565家,排名全球前列。

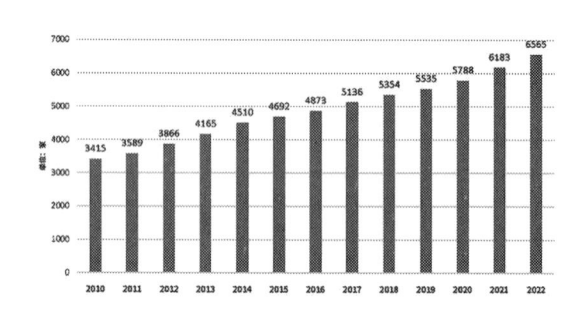

图1-5　2010年至2022年我国博物馆数量变化

从图中可明显看到,随着年份增长,我国博物馆总体数量呈稳步增长趋势。社会经济发展、相关学科以及理论发展、国家对文化产业的政策支持和投入重视等因素,都对博物馆数量的增长有贡献,说明我国博物馆事业日益繁荣,蓬勃发展,国家在重视博物馆数量增长的同时也对博物馆质量日益重视。

2022年全年举办线下展览3.4万场、教育活动近23万场,接待观众5.78亿人次,推出线上展览近万场、教育活动4万余场,网络浏览量近10亿人次,新媒体浏览量超过百亿人次。通过持续完善博物馆免费开放政策,我国90%以上的博物馆实现免费开放。②

---

① 国家文物局:《2021年"5·18国际博物馆日"中国主会场活动开幕式在首都博物馆举行》[EB/OL], 2021-05-18, http://www.ncha.gov.cn/art/2021/5/18/art_722_167996.html。
② 浙江省文物局:《国家文物局:2022年我国新增备案博物馆382家　全国博物馆总数达6565家》[EB/OL], http://wwj.zj.gov.cn/art/2023/5/19/art_1639078_59057158.html。

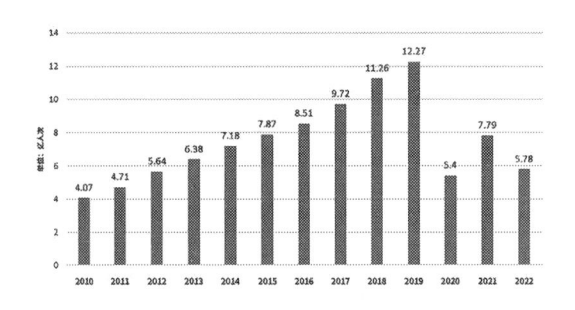

图1-6 2010年至2022年我国博物馆接待人次

从图中可明显看到,2012年至2019年博物馆参观人次都在持续上升,然而2019年至2020年发生了骤然下降。结合当时国内背景来看,这应是受突发的新冠疫情影响,导致出行人数减少,从而博物馆参观人次随之下降。但随着新冠疫情影响的减弱,参观人次出现回暖现象,2023年各地入馆参观人数出现了井喷式爆发现象,尤其是在"五一"和"十一"等节假日期间,多地出现火爆场面。

同时,为提升博物馆发展质量,自2010年以来,国家文物局对国家一、二、三级博物馆每三年进行一次运行评估。2023年,国家文物局启动了第六次国家一、二、三级博物馆运行评估工作,一批革命纪念类、考古遗址类、自然科技类博物馆、国有行业博物馆和非国有博

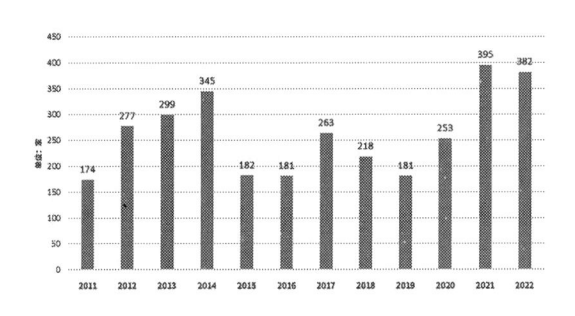

图1-7 2011年至2022年我国新增博物馆数量变化

物馆通过运行评估工作,质量得到有效提升。

从图中可明显看到,自2011年以来我国每年新增博物馆数量变化情况来看,近几年整体呈现震荡走势,2015—2020年,新增博物馆数量在180—270家之间波动,近两年增长又较为迅速,每年新增数量维持在380家左右,就总规模来看,我国新增博物馆数量发展较为稳定。

众所周知,博物馆是社会公益机构,其产生、发展与社会环境紧密相关,在当前国家大力发展文化强国的背景下,社会公众对多功能、立体化的博物馆需求也越来越多,近年来,一大批博物馆新馆建设及改扩建工程正在如火如荼地开展,各地博物馆新馆建设蓬勃发展,一批投入高、质量优、智慧化的博物馆相继拔地而起,其收藏、展示条件大幅提升,在传承文明、传播文化方面发挥出更重要的作用。我国的博物馆行业在近几十年里取得了巨大的进步,不仅在文物保护和展示方面有所突破,还在文化交流和教育领域发挥了重要作用。随着我国成为文化和经济大国,在各类政策的支持下,博物馆行业将继续进一步发展壮大,为人们提供更多契机去了解和欣赏我国的丰富文化遗产。

我国博物馆事业在党的十八大以来虽然实现了井喷式发展,但在新时代、新形势和新需求下,各地博物馆发展不充分、不平衡的问题依然存在。从数量角度看,博物馆地域分布不均;从质量角度看,受区位、经济发展水平、文化历史底蕴等因素影响,各省、自治区、直辖市博物馆质量参差不齐;从公益角度看,各省、自治区、直辖市,各级别博物馆的社会贡献率和公共服务效能存在较大差异。新华社瞭望智库发布的《2022年中国博物馆区域发展指数报告》从数据角度看我国博物馆事业发展的状况,它通过科学的指标体系,从规模、质量和公益三个角度对全国各地博物馆建设发展程度进行综合评测，站在新的历史坐标上远眺我国建设世界博物馆强国的2035年远景目标，为我们提供了一个全面、客观的视角，助力我国博物馆事业发展。

《2022年中国博物馆区域发展指数报告》利用我国博物馆区域发展指数，对各省、自治区、直辖市博物馆发展情况进行综合评测。总指数由规模指数、质量指数和公益指数三个分指数得分加权计算构成，分别从博物馆数量及规模角度、高质量发展水平角度和博物馆服务可得性角度对不同地区的博物馆建设发展情况进行评价，数据均来自国家文物局全国博物馆年度报告信息系统及国家统计局网站的2020年数据。该报告显示，经由全国博物馆区域发展指数指标体系进行测算，全国31个省、自治区、直辖市的博物馆发展指数得分在56分到83分这个区间（见图1-8），其中山东省以总分82.09分排名首位，该省在博物馆建设规模、质量和公益性三个方面均排在全国前列，截至2020年，山东省博物馆数量达到585家，位列全国首位，约占全国博物馆数量的1/10，其中已定级博物馆127家，数量也位列全国首位，全省博物馆每年开设社教活动2万余场，排名仅次于上海市和北京市。[1]

从图1-8中看出将指数得分划分为不同发展水平的梯队，第一梯队总得分在70分以上，按排名有山东省、北京市、浙江省、江苏省、河南省、陕西省、四川省、江西省和广东省9个省市，多具有深厚的历史底蕴，博物馆发展水平较高，其中达到80分的只有山东省，超过75分的是北京市

---

[1] 新华社瞭望智库：《中国博物馆区域发展指数报告》[EB/OL]，2022-05-18，https://zhikuyun.lwinst.com/Liems/web/zkcg/opinionInfo?index=lw_points&type=achievement&id=7befa644534ce88243523d1fbfeadbf3。

■ 第一梯队　　■ 第二梯队　　■ 第三梯队

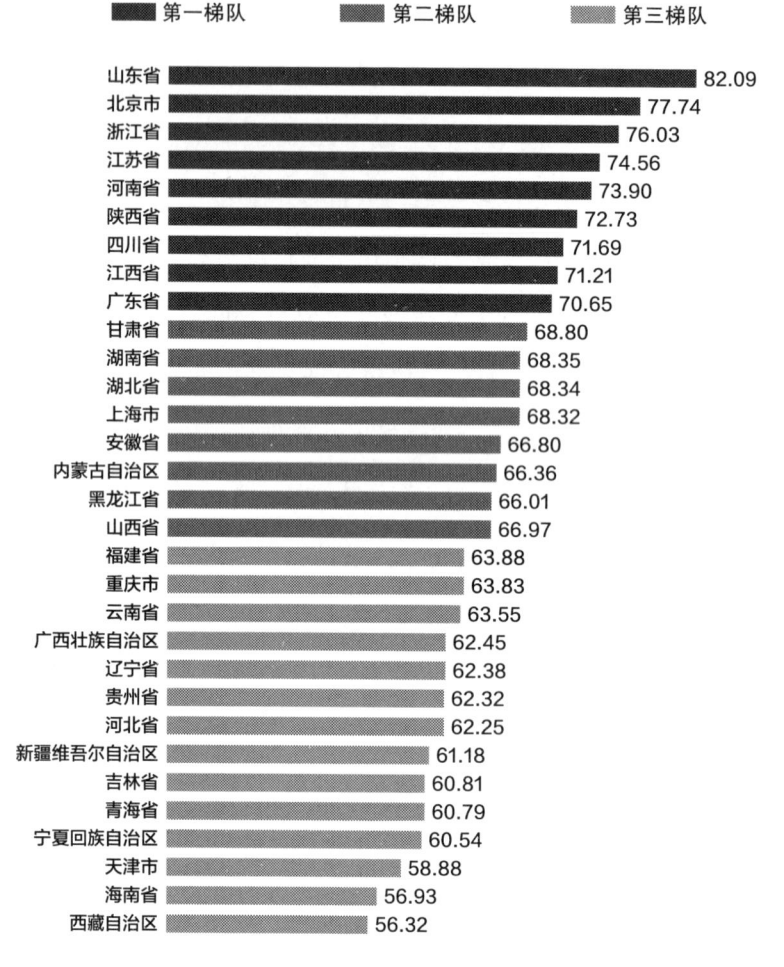

地区	得分
山东省	82.09
北京市	77.74
浙江省	76.03
江苏省	74.56
河南省	73.90
陕西省	72.73
四川省	71.69
江西省	71.21
广东省	70.65
甘肃省	68.80
湖南省	68.35
湖北省	68.34
上海市	68.32
安徽省	66.80
内蒙古自治区	66.36
黑龙江省	66.01
山西省	66.97
福建省	63.88
重庆市	63.83
云南省	63.55
广西壮族自治区	62.45
辽宁省	62.38
贵州省	62.32
河北省	62.25
新疆维吾尔自治区	61.18
吉林省	60.81
青海省	60.79
宁夏回族自治区	60.54
天津市	58.88
海南省	56.93
西藏自治区	56.32

图1-8　2020年我国博物馆区域发展指数得分

和浙江省。第二梯队总得分在65分到70分，有甘肃省、湖南省、湖北省、上海市、安徽省、内蒙古自治区、黑龙江省和山西省8个省、自治区、直辖市，各地总得分差距不明显，均有较大的发展潜力。第三梯队总得分在65分以下，有福建省、重庆市、云南省、广西壮族自治区、辽宁省、贵州省、河北省、新疆维吾尔自治区、吉林省、青海省、宁夏回族自治区、天津市、海南省和西藏自治区14个省、自治区、直辖市。博物馆事业受区位限制和GDP发展水平影响较大，基本呈正相关关系，如位列前四名的山东省、北京市、浙江省和江苏省都是GDP水平较高的地区，而GDP相对较低的西藏自治区、宁夏回族自治区和青海省，得分也相对较低。也有低GDP相对高博物馆发展得分的情况，如博物馆发展指数排名第6位的陕西省和第10位的甘肃省得分较高，但GDP则排位相对较低，这与两地对博物馆发展重视程度较高有关。另外还有高GDP相对低博物馆发展得分的情况，例如，福建省和河北省博物馆发展指数排名分别为第18位和第24位，但GDP则排位相对靠前，基于这两地经济基础良好，博物馆事业上升潜力较大。

博物馆区域发展总指数中的分项规模指数包括博物馆数量、年参观量、馆舍建筑面积、从业人数等评测指标，从博物馆数量和规模角度对博物馆发展水平进行评价测算而得出博物馆发展规模指数。

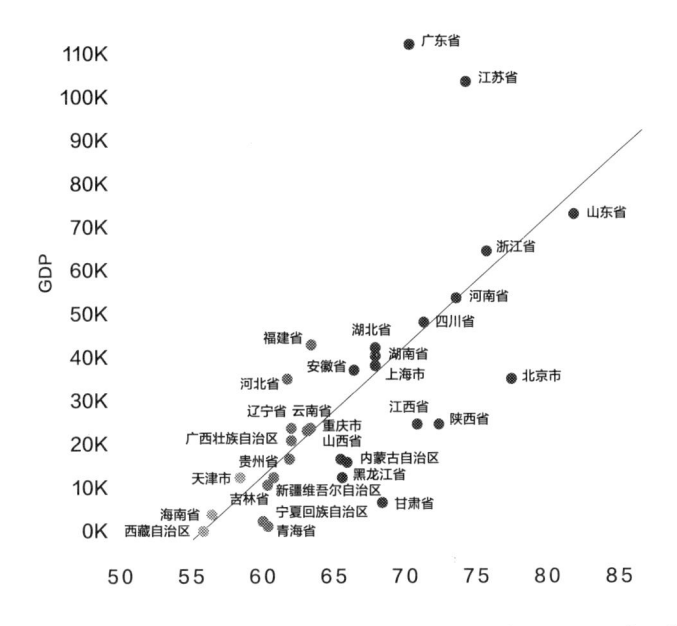

图1-9 2020年各省、自治区、直辖市博物馆发展指数得分和GDP发展关系

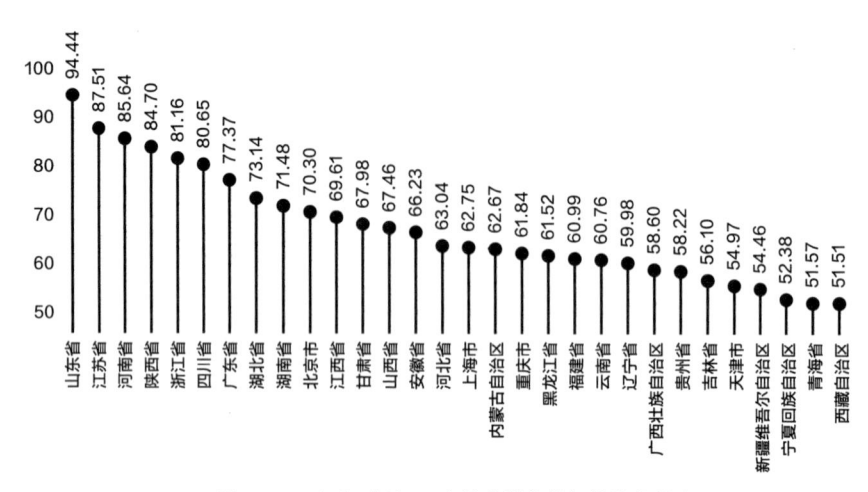

图1-10　各省、自治区、直辖市博物馆规模指数得分

图1-10显示,从测算结果和得分排名来看,博物馆规模指数得分在80分以上的按排名有山东省、江苏省、河南省、陕西省、浙江省和四川省6个省份,得分在70分到80分的按排名有广东省、湖北省、湖南省、北京市4个省、直辖市,得分60分到70分的有江西省、甘肃省、山西省、安徽省、河北省、上海市、内蒙古自治区、重庆市、黑龙江省、福建省和云南省11个省、自治区、直辖市,得分60分以下的有辽宁省、广西壮族自治区、贵州省、吉林省、天津市、新疆维吾尔自治区、宁夏回族自治区、青海省、西藏自治区和海南省10个省、自治区、直辖市。其中排名第一的山东省博物馆规模指数得分为94.44分,比第二名的江苏省高出6.93分,山东省在博物馆数量和馆舍建筑面积方面均为全国首位,在博物馆规模建设方面有明显的领先优势,江苏省以其深厚的文化底蕴吸引着各地的参观者,该省博物馆年参观量位居全国首位,博物馆从业人数排名全国第三。

博物馆区域发展总指数中的分项质量指数包括定级博物馆数量、定级博物馆占本省博物馆比例、隶属中央的博物馆数量、全部藏品数量、馆藏珍贵文物数量等评测指标，主要衡量博物馆的高质量发展水平。

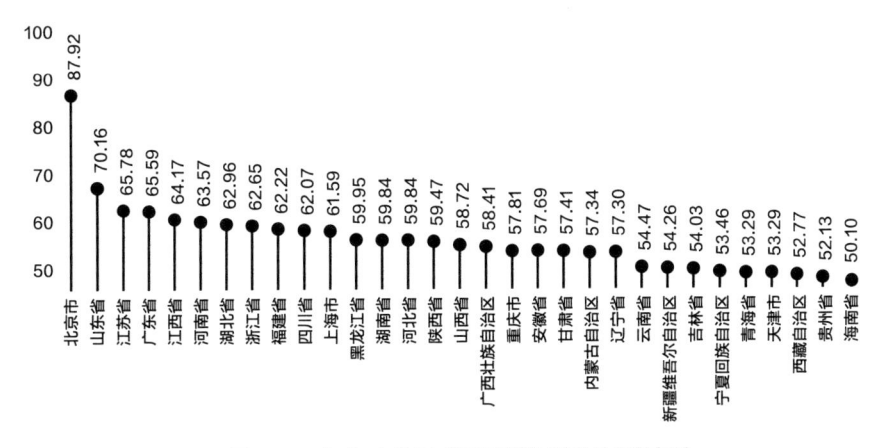

图1-11 各省、自治区、直辖市博物馆质量指数得分

图1-11显示，从评测结果和排名情况来看，质量指数得分前三名的按排名分别是北京市、山东省和江苏省，其中排名第一的北京市比第二名的山东省高出17.76分，北京市博物馆在隶属中央的博物馆数量、全部藏品数量和馆藏珍贵文物数量方面均位列全国首位，藏品数量和质量有明显的领先优势，山东省博物馆的定级博物馆数量排名全国首位，博物馆的质量控制水平较高。整体而言，博物馆质量指数得分在70分以上的只有两个省份，得分在60分到70分的省份仅占1/3，质量指数得分在高分区间的省份数量与另外两项的规模指数和公益指数相比明显较少。

博物馆区域发展总指数中的分项公益指数包括每万人拥有一座博物馆、年均开放天数、免费开放占比和社教活动场次等评测指标，主要衡量博物馆公益属性和公共文化服务功能的发挥程度。

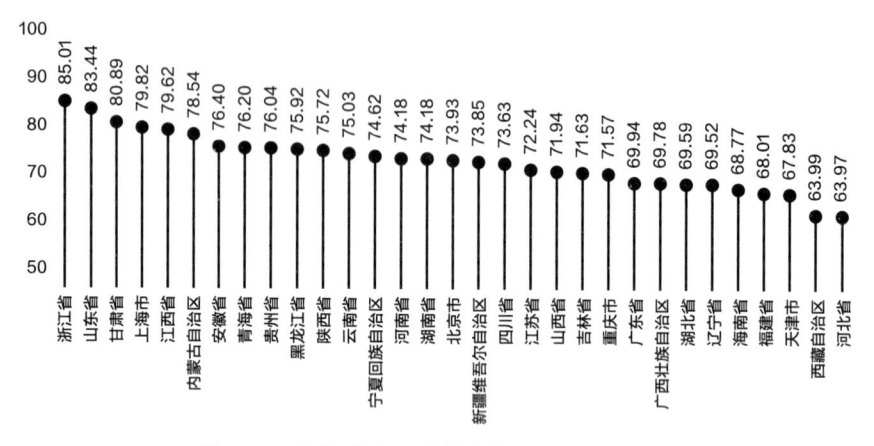

图1-12 各省、自治区、直辖市博物馆公益指数得分

图1-12显示,从测算结果和排名情况来看,全国31个省、自治区、直辖市博物馆的公益指数得分均在60分以上,排名前三位的是浙江省、山东省和甘肃省,其中浙江省以85.01分排名全国第一,排名前三位的得分均在80分以上,得分75分到80分的按排名有上海市、江西省、内蒙古自治区、安徽省、青海省、贵州省、黑龙江省、陕西省和云南省共9个省、自治区、直辖市,得分70分到75分的按排名有宁夏回族自治区、河南省、湖南省、北京市、新疆维吾尔自治区、四川省、江苏省、山西省、吉林省和重庆市10个省、自治区、直辖市,得分60分到70分的按排名有广东省、广西壮族自治区、湖北省、辽宁省、海南省、福建省、天津市、西藏自治区、河北省9个省、自治区、直辖市。

我国博物馆区域发展指数反映出不同梯队省、自治区、直辖市博物馆发展存在差异,山东省、北京市、浙江省、江苏省等地经济发展水平和博物馆发展水平均位居全国前列,可进一步创新博物馆文化服务方式,继续推动博物馆事业高质量发展,对于博物馆发展水平排名相对靠后的地区,在国家宏观政策指引下,可充分发掘地方特色文化,在场馆建设、文物保护、藏品研究、陈列展览、开放服务、教育传播等方面进一步持续优化,吸引更多观众走进博物馆,感知中华优秀传统文化的历史脉搏,共同向建设世界博物馆强国的2035年远景目标迈进。

第四节　我国文博数字化报告分析

博物馆承载了人类历史文明的记忆,是保护和传承人类文明的殿堂,是时空中流动的华美盛宴,也是连接过去、现在和未来的桥梁,具有多重重要意义。不同类型的博物馆藏品,记录着自然历程与人类文明活动的多元信息,承载着各个国家与民族的社会记忆与美学风范,蕴含着提升审美水平、教育社会大众的力量,包含着厚植家国情怀、促进文明交流的力量,还有丰富文旅体验、助推经济社会发展的力量。随着5G、物联网、云计算、大数据、人工智能等新兴先进数字科技的不断涌现,数字化、智能化越来越多地被应用于文博事业之中,推动了博物馆文保、展览、服务、管理、教育等多方面工作的提质增效,加速了博物馆数字化、智能化进程。通过丰富多样的新媒体数字活化形式呈现给观众,带来更多更好动态交互和沉浸体验感知,已成为现代博物馆数字化建设的重要标志和发展方向,数字化与可及性创新已是彰显博物馆力量的一个重要途径。

博物馆数字化是指充分运用云计算、物联网、大数据等新一代信息技术,去感知、计算、分析博物馆运行相关的人、物、活动等数据信息,实现博物馆征集、保护、展示、传播、研究和管理活动智能化。随着数字技术在博物馆领域开始大规模运用,从藏品聚焦到展览展示、文物保护修复、教育传播、文化创意、运营管理等各个方面,都已开始深入且广泛地应用。博物馆数字化对于丰富博物馆功能的实现、提高公众对博物馆的参与度,以及促进文博工作者学习数字化技术有重大意义,与此同时,它还为构建智慧博物馆提供了技术支撑。

伴随着新时代的需求和文物活化利用事业的推进,数字化手段在文博领域的应用得到社会各界的高度重视,相关政策保障、技术应用和服务规范等也日趋成熟,文博数字化大发展的历史机遇已然降临。2021年11月24日,中央全面深化改革委员会审议通过《关于让文物活起来、扩大中华文化国际影响力的实施意见》,国务院办公厅印发《"十四五"文物保护和科技创新规划》,提出"十四五"时期是我国从文物资源大国向文物保护利用强国跨越的关键时期。新形势下,全方位提高文物保护利用和文化遗产保护传承的数字化水平,有助于推动中华优秀传统文化创造性转化、创新性发展,有助于中华文化更好地"走出去"。总之,文博数字化促进了文化强国战略的实施,为文物保护与研究提供支撑,加快了文化遗产价值的传播,也顺应了新时代社会发展形势。

发展文博事业是我国建设文化强国的重要内容。随着近些年来数字科技和互联网技术快速发展,文博数字化理念不断普及,文物信息资源加快开放与共享,古老文物得以焕发活力。习近平总书记强调,要让更多文物和文化遗产活起来,营造传承中华文明的浓厚社会氛围。要积极推进文物保护利用和文化遗产保护传承,挖掘文物和文化遗产的多重价值,传播更多承载中华文化、中国精神的价值符号和文化产品。文物和文化遗产是不可再生、不可替代的中华优秀文明资源,如何通过创造性转化和创新性发展,使这些承载着中华民族的基因和血脉的文化内容焕发新的生机活力,这是新时代下文博人需要给出正确答案的时代命题。

2022年8月,中国文物交流中心、新京报社、贝壳财经、清华大学美术学院交互媒体艺术设计研究所、腾讯新文创研究院联合发布《2022年文博数字化报告》,旨在用数据和案例解答数字技术如何让文物"活"起来、"潮"起来,为探索文博全链条数字化的解决方案、助力文博行业从数字化走向深度数字化提供参考和借鉴。该报告围绕文博数字化概念、发展文博数字化的原因、我国文博数字化发展现状、文博数字化需求及痛点、文博数字化典型案例及未来展望五个方面进行分析,系统性指出目前我国的文博行业正在走向深度数字化,进一步构建文博行业"全生命链条"的数字化。

但是在文博人努力推动数字化发展过程中,仍存在中小型文博单位数字化发展力不从心,兼具文博知识与数字化技术的专业人才欠缺,文物当代价值与公众生活的连接较弱,文博数字化与多产业的融合创新不足等问题。报告通过案例、经验的系统性分析,从文博全链条数字化的探索与实践角度,提出了四点未来我国文博数字化的发展方向和解决办法:首先,是打造文博行业新基建,构建"全生命链条"的数字化,助力预防性保护。其次,是创新传播文物价值,实现"多内容形态"的表达呈现,助力活态化传承。再次,是联动整合各方资源,推动"强连接交互"的多元协作,助力大众化参与。最后,是讲好中国文物故事,搭建"数字化共享"的桥梁平台,助力国际化表达。积极致力构建文博"全生命链条"的数字化,努力让科技入圈、文物出圈,不断扩大海内外文博数字化朋友圈。

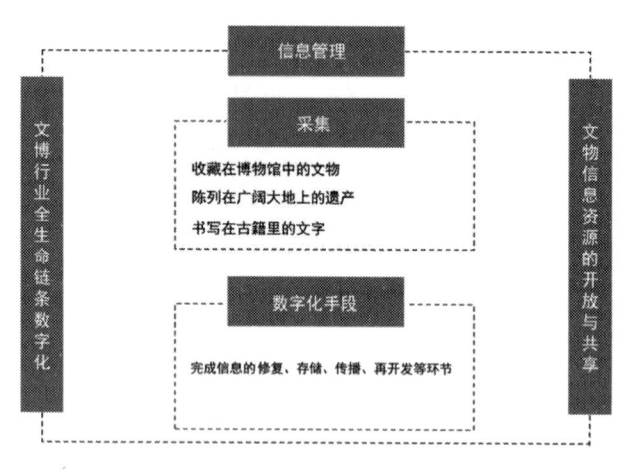

图1-13 文博数字化核心要素

文博数字化的基础是信息管理,需要采集收藏在博物馆里的文物、陈列在广阔大地上的遗产、书写在古籍里的文字,利用数字化手段完成信息的修复、存储、传播、再开发等环节,构建文博行业全生命链条的数字化。这项全人类共同的事业,需要各行业团结合作,以对文物最高的敬畏,对文化传承最重的责任,对工作过程最大的耐心,共同推动文博数字化的持续深入发展。同时,近年多个文博数字化相关的权威报告相继出炉,均说明我国发展文博数字化是顺应形势发展的必然选择。例如,2022年国际博物馆日中国主会场活动中,中国博物馆协会理事长刘曙光发布题为《关于博物馆发展的思考》的报告,其中提到博物馆已经进入了数字化、智慧化发展的新阶段。2023年9月,毕马威中国在2023服贸会上发布题为《文化无界,数字焕新——文博数字化转型初探》的报告,报告指出,随着数字建模、人工智能、扩展现实(XR)、大数据等数字技术在博物馆的应用日趋成熟,博物馆数字化应用场景愈加丰富,传统博物馆形态面临重塑。

我国发展文博数字化是当下发展趋势的必然选择,其主要原因涵盖四个方面:其一,是促进文化强国战略的实施。政府工作报告和"十四五"规划均提出文物行业实现数字化发展,2021年10月28日,国务院办公厅印发《"十四五"文物保护和科技创新规划》,首次将"十四五"文物领域规划提升到国家级专项规划的高度,并提出对文物科技创新能力进行全链条布局。其二,是为文物保护与研究提供支撑。近年来,信息化手段介入文物保护和博物馆管理、数字虚拟修复技术、直播技术等为文物科学保护修复、宏观与微观研究、文物保护利用的全社会参与以及开放共享打下坚实基础。其三,是加快文化遗产价值的传播。文博数字化与电视媒体、互联网平台、最新科技设施可实现无缝对接和跨界合作,用数字化创意表达传统文博内涵,以观众易于接受的方式讲好中国故事,进而带动中华优秀传统文化教育的普及,让文物切实地"活起来"。其四,是顺应社会发展的新形势,文博行业要顺应数字化发展趋势,利用数字技术打造永不落幕的"云上展览",运用丰富多彩的数字化服务拓展渠道,发挥可持续发展的社会价值。

纵观我国改革开放以来的文博数字化历史进程,大致可划分为三个阶段:第一阶段是信息化手段介入文物保护与博物馆管理。例如,20世纪80年代国家文物局在上海召开博物馆信息化会议,1999年北京市文物局研发出藏品管理系统,2001年财政部和国家文物局联合开展文物调查及数据库管理系统建设项目等。第二阶段是文博信息化档案建立基础上的数字管理与智慧应用迅速得到推广。例如,2012年国务院《关于开展第一次可移动文物普查通知》,2014年国家文物局确定七家智慧博物馆建设试点单位,2018年中共中央办公厅和国务院办公厅印发《关于加强文物保护利用改革的若干意见》等。第三阶段是数字内容产业成为信息技术与文化创意高度融合的新兴产业形式。例如,2021年5月中共中央宣传部、国家发展改革委、文化和旅游部、国家文物局等九部委联合印发《关于推进博物馆改革发展的指导意见》,2021年10月国务院办公厅印发《"十四五"文物保护和科技创新规划》,2022年5月中共中央办公厅和国务院办公厅印发《关于推进实施国家文化数字化战略的意见》,2023年8月北京市文物局印发《北京市文物局关于推进博物馆数字化建设工作的指导意见》等。

近年来,随着人们对文博数字化需求的日益增长,云展览和数字展览成为文博数字化发展新亮点,"云游博物馆"成为新潮流。国家文物局统计数据显示,文博数字化在新冠疫情期间极大地满足了人民群众的精神文明需求,继2020年各地博物馆推出2000余项网上展览后,2021年博物馆线上展览的数量增至3000多个,线上教育活动1万余场,网络总浏览量超41亿人次,内容质量方面也有很大提升。近几年,全球博物馆争先"触网",线上藏品数量和直播频次大幅上升,文博行业也加入直播的队列中,不仅有主播带领网友参观博物馆、讲解文物背后的历史文化,也有记录文物工作者日常的慢直播。国际博物馆协会报告显示,2020年至2021年,全球使用活动直播的博物馆比例从19.1%上涨至28.1%,使用社交媒体的博物馆比例从47.5%上升至53.4%,在线展览从16.4%上升至22%,线上藏品的比例由18%上升至32%,全球采用线上展示藏品、展览和直播的博物馆增加了15%以上,在线展览和直播的大幅增长,印证了博物馆数字化进程加速。与此同时,"博物馆之城"建设正成为一股热潮。新京报贝壳财经数据显示,截至《2022年文博数字化报告》发布前,全国有近30座城市提出要建设"博物馆之城"或"博物馆之都",促进不同类型博物馆的有机融合,其中云展览、云直播、云论坛、云讲座等数字化展示形式,成为多数城市提出发展文博数字化的重要举措,大部分地方政府不仅支持博物馆加强文物展示数字化,还启动了部分博物馆开展可移动文物数字化保护项目。

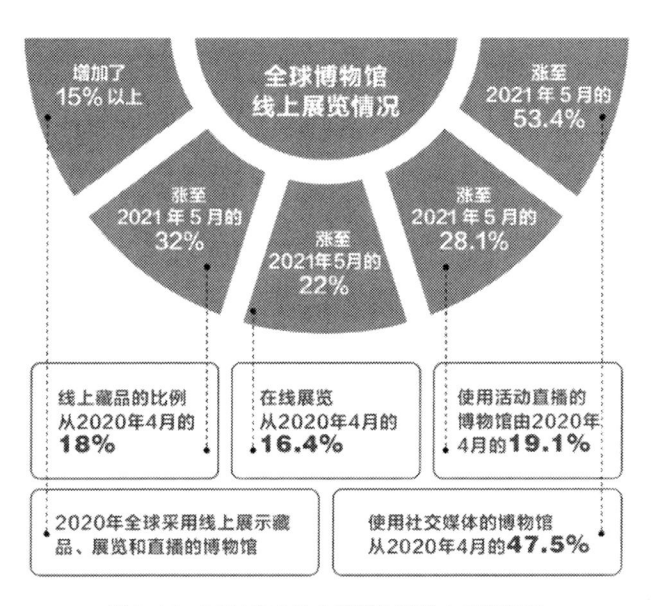

图1-14 2021年5月全球博物馆线上展览情况

近年来,在各短视频平台看展、亲近文物、感受人类文明精粹也成为一种新风尚,2022年5月,短视频平台发布《2022博物馆数据报告》显示,全国三级以上博物馆抖音内容覆盖率为98.64%,2020年至2021年一年时间,抖音上博物馆相关视频数量同比增长70%,播放量超过394亿次,这相当于全国博物馆同年接待观众人次的72倍(据国家文物局公布数据,2020年全国博物馆接待观众5.4亿人次),点赞量超过

12亿次。保存在博物馆的知识与文化被更多人看到,在短视频的传播下,一些小众门类博物馆也得以被大众看见,短视频平台丰富的博物馆生态,满足了不同群体多样化、差异化、个性化的文化偏好和知识需求,在新冠疫情防控过程中,多家博物馆开启了"云看展"模式,线下展厅、文物等都被搬到了手机屏幕上,为公众送上云端文化盛宴,观众还可直接观赏"镇馆之宝"级别的藏品,与历史和传统对话。根据平台点赞量排序,最受欢迎的镇馆之宝前十位分别是兵马俑、《清明上河图》、《千里江山图》、越王勾践剑、《富春山居图》、黄金面具、翠玉白菜、金缕玉衣、曾侯乙编钟和四羊方尊,最受欢迎的博物馆前三位分别是故宫博物院(1.3亿)、秦始皇帝陵博物院和中国人民革命军事博物馆。2023年5月,短视频平台发布《2023博物馆数据报告》显示(数据分析时间段为2022年5月至2023年5月),全国三级以上博物馆内容覆盖率为99.13%,过去一年抖音平台博物馆相关视频播放总量为513.4亿次,相当于全国博物馆同年接待观众人次的66倍(据国家文物局公布数据,2021年全国博物馆接待观众7.79亿人次),相关视频累计时长达24万小时,在抖音看完所有博物馆内容需要27年。从隔窗观物到即时互动,拉近观众与历史的距离,该报告还显示过去一年抖音平台上博物馆相关话题播放量同比增长165.97%,分享量同比增长558.52%,共有196万用户发布446万个打卡博物馆的视频,博物馆文创类视频播放量同比增长435.14%。同时,线上直播成为时代新风尚,抖音平台博物馆相关内容这一年累计开播11.6万场,同比增长60%,8.2亿人次观看,总时长2319小时,直播观看人数最多的博物馆前三位分别是中国人民革命军事博物馆、故宫博物院和秦始皇帝陵博物院。根据平台点赞量排序,最受欢迎的镇馆之宝前十位分别是《千里江山图》(4410万)、兵马俑、《清明上河图》、《富春山居图》、金缕玉衣、越王勾践剑、马踏飞燕、《簪花仕女图》、翠玉白菜和青铜神树,最受欢迎的博物馆前三位分别是故宫博物院(1.5亿)、国家博物馆和秦始皇帝陵博物院。博物馆是文物的保存者和历史的记录者,也是文化的"存储卡"和"解码器",通过以上数据能看到,越来越多的博物馆让文物在互联网中"活"起来,短视频平台上丰富的文博内容能激发人们对博物馆的兴趣,进而了解文物背后的历史,感受文物的厚度与温度,学习传统文化知识。

党的十八大以来,我国文物事业取得显著成就,文物保护利用和科技创新应用凝聚新共识,文物保护与考古取得新成效,博物馆展示和传播能力展现新形象,文物治理体系和治理能力得到显著提升,文物国际交流与合作迈上新台阶,文博行业在努力推动数字化发展过程中,还存在一些需求和痛点。《2022年文博数字化报告》通过对文物、博物馆的基本情况以及文化遗产保护和利用的发展现状等方面进行数据收集,深入分析了文博行业存在的关键问题。

痛点一:中小型文博单位数字化发展力度还需加大。国家文物局统计数据显示,我国目前有不可移动文物76.7万处,国有可移动文物1.08亿件/套,截至2021年底全国备案博物馆6183家,未定级的博物馆有4965家,占80%,实行免费开放的博物馆5605家,占91%。如此庞大的博物馆基数,促使文博数字化建设成为一项长期性、系统性的工程,需要长期投入和多方协作。全国县级文物行政编制仅有5000多人,平均每县不足2人,而中小型文博单位整体数量却占到全国文博单位的2/3以上,中小型文博单位普遍存在缺乏资源优势、数字化程度不高、经费有限等问题，文物保护利用和开放共享的数字化发展难度大。"十四五"期间我国将持续加大文博领域资金和人员投入，根据《"十四五"文物保护和科技创新规划》，到2025年，我国文物科技研发投入年均增长率将高于10%，文物机构从业人员数量将从2020年的17.6万人增至19.5万人。

痛点二：兼具文博知识与数字化技术的专业人才欠缺。国际博物馆协会调查数据显示，全球仅有21.9%的博物馆拥有全职的数字化工作人员。文博数字化涉及数字化采集、存储、加工、展示、传播等环节，可以说这是一项跨领域的工作，但目前我国文博领域应用型、技术型和复合型高层次人才匮乏，已成为制约我国文博数字化长远发展的重要因素，国家文物局近年开始在考古制图、藏品保护管理、展览策划等领域的数字化应用方面持续加大数字化人才培养力度。

痛点三：文物当代价值与公众生活的连接仍需加强。当前，文博数字化展示虽然亮点不少，但也存在着内容挖掘阐释浅显，形式同质化，与社会大众脱节等问题。如何利用数字化技术，让传统文化成为"活"在当下的潮流文化，"走"进人们的生活空间，这就需要深入挖掘和推动文化遗产所蕴含的哲学思想、人文精神、价值理念和道德规范等多元文物背后的文化价值传播，同时，创新文物保护利用、展示传播形式，推动文物素材再造和衍生创新，利用数字化展示、文创开发、国际传播等各种手段拉近社会大众与文物的距离，为大众提供形式多样、内容丰富、喜闻乐见的文博数字化文化产品和服务，让文物在新时代焕发新的时代风采。

痛点四：文博数字化与多产业的融合创新不足。目前文博数字化社会化应用范围较窄,跨界融合度还不够,服务经济社会发展成效不足,一定程度上限制了文博价值的充分释放和有效利用。要想改变这种现状,一方面需要从政策层面,加强规范引导,加大文博数字化推广支持力度,出台文博数字化应用规范,建立统一标准体系;另一方面需要从市场层面进行引导,积极动员社会力量,加大文物资源授权和文创IP开发力度,推动文博数字化资源融入各行各业应用场景,积极推动、鼓励企业等各类市场主体向文化方向转型升级,不断提高自身文化底蕴和市场竞争力,多措并举推动文博数字产业化发展,为后疫情时代经济复苏贡献文博数字力量。

当前我国文博行业正在从数字化走向深度数字化,秉承文化与科技融合发展、价值思维和长期主义的理念,积极构建文博行业"全生命链条"的数字化,努力让科技入圈、文物出圈,不断扩大海内外文博数字化朋友圈。在推动数字化发展过程中面临以上诸多痛点问题,根据当前国内文博数字化发展状况和经验,探索出一些实践方法:

一是打造文博行业新基建,构建"全生命链条"的数字化,助力预防性保护。以文物保护为切入点,逐步探索推动文博行业从展示、传播环节的数字化,向文物采集、存储、修复、展示、机构管理、服务研究等各环节的深度数字化延伸拓展,以科技赋能文博行业全链条、全产业发展。利用数字化工具,打造以"数字化+云化+AI化"为核心的数字采集、数字修复、数字存储、数字传播、数字服务和数字管理的文博新基建。如敦煌研究院以新科技探索数字文物保护更多可能,打造了"云游敦煌"小程序、数字供养人、点亮莫高窟、敦煌动画剧、敦煌诗巾等一系列数字创意传播爆款项目,以其现象级的破圈影响力成为文化遗产云传播的参照与样本。截至2022年6月,"云游敦煌"小程序独立用户数就突破1000万,页面总访问量近6000万人次,"云游敦煌"打造了一个逼真的数字世界,观众可以通过手机一览百年前敦煌藏经洞室6万余卷珍贵文物的历史场景,截至2022年底已完成莫高窟290个洞窟的高精度采集、162个洞窟的全景漫游节目制作和7处大遗址的三维重建等,建立起一整套文物数字化采集、加工、存储、展示等关键技术体系,形成了数字化摄影采集、洞窟三维重建、洞窟全景漫游等海量数字化资源。其中"数字藏经洞",运用高清数字照扫、云游戏引擎物理渲染、全局动态光照等前沿科技,观众在享受4K影视级画质的同时,通过中国风现代工笔画打造的交互模式,一秒穿越晚唐、北宋、清末等不同时期,身临其境触摸敦煌藏经洞的厚重历史,直观感受和了解敦煌文化艺术的价值与魅力,开创了文物展示体验新范式。

二是创新传播文物价值,实现"多内容形态"的表达,助力活态化传承。如何让文物"活"起来,让文物背后的文化价值传承下去,是当代文博机构的重要发展方向,这就需要深入挖掘文物藏品的文化内涵,搭载动漫游戏、音乐、视频、网络文学等数字内容形态,助力文博领域的优秀IP"出圈",打造现象级产品,利用创新文化传播的表现形式,打造数字博物馆,助力建设智慧博物馆。如2022年6月在国家文化公园建设办公室和国家文物局指导下,中国文物保护基金会推出"云游长城"小程序,以新场景创新探索长城数字体验的全新可能,这是全球首次通过云游戏技术,实现最大规模文化遗产毫米级高精度、沉浸交互式的数字还原,成为我国前沿科技和数字技术在文保领域实现创新应用的又一标志性范例,运用照片扫描建模、高精度还原能力、实时渲染和动态光照技术、云游戏传输流控技术等前沿数字科技,让长城被科学保护,并让公众用更有趣互动的方式走近长城、感受长城、触摸长城。三星堆博物馆以科技让三星堆文化被更好看见,用小程序实现"堆中畅游",打造三星堆文物"云赏"平台,搭建全面的三星堆文物内容观赏体系,还对三星堆新馆及周边环境精细化三维建模,实现业界首个小程序端的三维导览,将带来3D化、逼真化的地图视觉感受和更加沉浸式的导览体验。面向全方位智慧化管理要求,以高性能数字孪生引擎、高精度建模技术,为三星堆建设了业内领先的"一屏统管"数字孪生运营中心,将馆园一体化管理的全流程要素映射在孪生系统上,打造"超级链接,数智融合"的三星堆博物馆。

秦始皇帝陵博物院以新形态活化"数字军团"秦文化,从2016年开始,秦始皇帝陵博物院开建"数字秦陵",探索"科技+文化"模式下秦陵故事的多元化表达,出品《寻迹始皇陵》《你好兵马俑》等爆款内容,总体验人次超1.6亿,创新性地融合了秦文化科普、VR全景与音频故事等新文创体验。

三是联动整合各方资源,推动"强连接交互"的多元协作,助力大众化参与。积极采用市场化运作模式,通过资本投入、技术支持、生产协作、开放平台、共享资源等方式,助力文博行业深度数字化。充分调动大众参与文博数字化的积极性和主动性,通过社交媒体、线上文博资源、文博数字化体验等方式,引导民众关心关注、创新参与支持文物保护利用和文博数字化发展。同时,开拓与文博机构的联动关系,与文博机构协调好各自内部业务条线之间的关系及文博机构外部之间的联动关系。如2020年9月在首都博物馆的"互联网+中华文明"数字体验展中,《文物的时空漫游》就是在构成浩瀚的中华历史文明长河中的无数个"时空"中,选取了其中五个具有特殊意味的"时空",让观众触摸先人生活的脉搏、感受中华文明的精髓和聆听超越时空的历史律动。其中,"天人相合时空舱"诠释神明与礼制,带观众了解青铜器背后蕴藏的礼制与祭祀文化;"有典有章时空舱"诠释理性与秩序,以数字形式展现秦文化风采;"美善合一时空舱"诠释匠心与技道,讲述古人生活的智慧与艺术;"翰墨文心时空舱"诠释风骨与气韵,通过构建沉浸式体验的"曲水流觞"意境彰显我国书法之美;"文艺化之时空舱"诠释交流与融合,让观众身临其境感受丝绸之路上的文化融合。

  四是讲好中国文物故事,搭建"数字化共享"的桥梁平台,助力国际化表达。推动文物国际交流融入国际传播的顶层设计,助力文物数字化复原共享,通过"高清拼接"和"三维全景"等数字技术,打造"国宝全球数字博物馆"。创新传播推介方式,借助科技、产业、艺术的赋能,将文物背后的中国文化挖掘出来、呈现出来。如2021年12月,北京市文物局、北京中轴线申遗保护工作办公室等单位发起北京中轴线申遗助力项目"数字中轴",深挖北京中轴线历史文化内涵,以数字技术推动文化遗产数字化保护与传承,目前"数字中轴"已上线"云上中轴"小程序,通过云游戏引擎、物理仿真、大数据、云计算、人工智能、区块链和知识图谱等前沿科技,打造一个全真的"数字中轴"来逼真展现中轴线的景观与变迁,让大众足不出户,便能沉浸式、可交互地体验北京中轴线的恢宏气势和四季变化。发行首批中轴线纪念版数字藏品,发布首个中轴线数字IP"北京雨燕"。"国宝全球数字博物馆"小程序以新使命助力海外文物数字共享,主要面向海内外顶级博物馆,通过合作授权,将馆藏的中国珍品文物数字化,已助力近300件馆藏级中国文物珍品的数字化回归。

　　国家文物局和主要官媒的一系列数据表明,我国文博事业取得了显著成就。而云展览、云教育、云直播等线上展览、参观的方式,使数以亿计观众足不出户便可共享博物馆发展成果,有力推动了博物馆公共文化服务水平的显著提升。立足我国国情和国内博物馆数字化建设实践等,聚焦新型博物馆的数字化建设,需构建以提升观众体验为核心、藏品管理保护为基础、场馆运营为保障、内部管理为支撑的数字化新模式,并通过以数据为核心重塑"人——物——馆——组织"四者的要素关系,进而形成全链路的数字化藏品、数据驱动的科学研究、高效便捷的观展服务、沉浸交互的观展体验、云端漫游的线上之旅、多元分众的教育体系、安全低碳的智慧场馆、敏捷协同的运营管理等数字化基础场景。博物馆作为公共文化服务机构,在数字化建设中应坚持秉承"以人为本、数据为核、业务导向、开放共享、守正创新"的思路,从大众的需求出发,注重体验的打造,为观众参观服务提供更加多样化的渠道,实现人与物、物与物、人与人之间的贯通与交互,彰显人本思想和人文关怀,力求尽可能覆盖并惠及更多群体。新时代的文博人正在努力借助新文创与新科技的力量,运用科学的方法和数字化工具,构筑全真互联的文博数字体系,通过云计算、AI人工智能、AR增强现实、VR虚拟现实、XR扩展现实、裸眼3D、区块链等数字技术在文物保护利用中的创新应用,持续深入探索文博全链条数字化的解决方案,为推动让文物"活"起来、扩大中华文化国际影响力作出新的更大贡献。

第二章　智慧博物馆的实践发展路径

智慧博物馆的概念是借鉴智慧地球和智慧城市发展而来，信息的互联、通信的发展将传统数字博物馆和信息化工程带入新的高度，同时也推动了智慧博物馆的发展演化。文博人将先进的管理手段与黑科技引入博物馆系统中，将人、物和数据紧密结合，运用大数据、物联网、云计算、移动互联、人工智能等技术融入和深化博物馆的应用，在数字化、信息化的基础上逐渐完善和发展智慧博物馆体系。

智慧博物馆正是基于当前博物馆的发展形势，受时代科技发展和博物馆内部核心智能进程的影响，最终呈现出智慧的形式，经历了传统博物馆、数字博物馆再到智慧博物馆的变革，这场变革是当前信息时代的产物，也是博物馆发展的必经过程。需要特别注意的是，智慧博物馆既不是浮于博物馆传统业务表面的技术应用，更不是传统技术对业务的粗暴贴合，而是通过人工智能技术和设备代替人类从事部分有变化规律、需要反复调整、枯燥而单调的工作，对现有粗放的博物馆运营模式进行脱胎换骨的改造，使之演变为更加精细的运营模式，避免人类难以克服的松懈、易受情绪和环境影响及需要长期学习的短板，从而更好地保护自然和文化遗产，更加细致、敏捷、立体地为公众提供服务。

第一节　智慧博物馆的概念辨析

　　智慧博物馆是在传统实体博物馆和数字博物馆的基础上发展而来的，尤其是数字博物馆的出现，突破了藏品展陈的时间和空间限制，简单来说，数字博物馆就是建立在数字空间之上的博物馆，一定程度上也可以理解为，数字博物馆是实体博物馆通过数字化而构建的数字模型。数字博物馆将围绕数字藏品的收集、保存、传播和展示，以研究、教育、欣赏为目的，对实体博物馆的服务时间和空间进行延伸和拓展，实现任何人在任何时间、任何地点，获得特定信息服务的目的。而数字博物馆的数字藏品一种类型是对实体博物馆的藏品进行数字化后获得的数据资源，另一种类型是现有的各类数字创造行为中具有一定意义和价值的数据资源。由此看见，数字博物馆核心就是一个能共享和处理博物馆基础数据，并结合图形、图像、视频等静态和动态信息来表达结果的信息系统。通过计算机及互联网络，浏览者得到有内在联系的、视觉上逼真的、交互式的、动态的"参观"效果。智慧博物馆可以提供更个性化、智能化的服务，例如通过数据分析为参观者提供更符合其兴趣和需求的展览和服务。总体来说，数字博物馆侧重于将实体博物馆的资源数字化并提供在线服务，而智慧博物馆则更注重利用先进技术提供智慧化的管理和服务。智慧博物馆和数字博物馆这二者的区别还是比较明显，如在技术应用方面，数字博物馆主要运用信息技术来实现藏品的数字化展示，而智慧博物馆则更广泛地应用大数据、物联网、人工智能等先进技术。在互动性方面，智慧博物馆具有更强的互动性,能提供沉浸式和个性化的体验;数字博物馆的互动性相对较弱。在智能化程度方面,智慧博物馆具有更高的智能化水平,能够实现自主学习和决策;数字博物馆则侧重于信息的呈现。在数据分析能力方面,智慧博物馆可以深度挖掘和分析数据,为管理和决策提供支持;数字博物馆的数据分析功能相对有限。在运营模式方面,智慧博物馆的运营模式更精细,注重效率和个性化服务;数字博物馆的运营模式相对较为传统。在功能拓展方面,智慧博物馆更易于拓展功能,如智能导览、环境监测等;数字博物馆的功能较为单一。在观众体验方面,智慧博物馆能为观众提供更丰富、深入的体验,满足观众的多样化需求;数字博物馆的观众体验相对较为单一。在藏品管理方面,智慧博物馆更加智能化和高效化,可以实现对藏品的全面监控和保护。在可持续发展方面,智慧博物馆更具可持续性,能适应不断变化的社会和技术环境,通过博物馆与观众的紧密联系更容易形成活跃的文化社区。

在研究智慧博物馆的探索实践中,国内有专家学者以某一实体博物馆建筑为平台,主张智慧博物馆应突破传统博物馆建设的发展模式,有效融合先进成熟的技术优势,以博物馆建筑为平台,以文物及观众为中心,采用系统集成的方式,将普适通信技术、实时控制技术、人工智能技术与博物馆各元素有机结合,形成一个集建筑结构、信息系统、业务服务、资源管理于一体的最优组合,从而为文物及观众提供随时随地随身的数据智能融合服务。也有专家学者认为智慧博物馆就是基于物联网、移动互联网,运用多种传感技术,经过博物馆云计算平台的整合、分析,形成的基于传感数据和智能过滤处理的新的博物馆资产管理和观众服务模式。

针对建设智慧博物馆的众多尝试,也有专家学者在明确智慧系统的基础上,通过梳理在实体博物馆中建立智慧系统的条件,认为在智慧博物馆模式中,博物馆的管理、运营、服务等功能在信息驱动下,应以博物馆核心系统为对象,使得核心系统内部的相关物件之间、各核心系统之间发生有利于整体正向发展的推动力,而且这种推动力在发生作用时,是以已有有效行为规则为准则自主进行,尽量避免或减少人为随意性的判断或操作;同时,通过大量的信息汇聚、整合、分析,使管理者获知有可能的发展态势,并将这种判断通过实践检验证实后,形成为系统新的行为规则。这种核心观点实际上是认为理想的智慧博物馆就是不需要人工干预而由信息系统控制运行的博物馆,管理者仅是这套系统中按指令运行的一个重要部件,智慧博物馆的实质是一个管理模式,是一个加载了智慧管理系统的实体博物馆。然而,也有许多文博方面的专家学者认为这样的模式在很大程度上低估了新一代信息网络技术对博物馆的影响与改造能力,他们认为智慧博物馆应该是在融合博物馆信息化建设和数字博物馆建设成果的基础上,利用最新信息网络技术而形成的博物馆运维新模式,重点在于解决最新信息网络技术下"人——物——空间"数据融合共享与智慧应用的问题。

随着社会和科技的发展,近年一些专家学者和文博行业的科技企业研究机构,也提出了一些新的理解,认为智慧博物馆是以多模态感知"数据"替代数字博物馆的集中式静态采集"数字",并以此为基础,建立更加全面、深入和泛在的互联互通,消除信息孤岛,使人与人、人与物、物与物之间形成系统化的协同工作方式,从而形成更为深入的智能化博物馆运作体系。智慧博物馆强调人的主体地位,注重观众的参与感与体验感,淡化了实体博物馆之间以及数字化数字博物馆的界限,形成了以博物馆业务需求为核心,以不断创新的技术手段为支撑,线上线下相结合的新型博物馆发展模式,搭建一个完整的智能生态系统,其主要业务流程见下图:

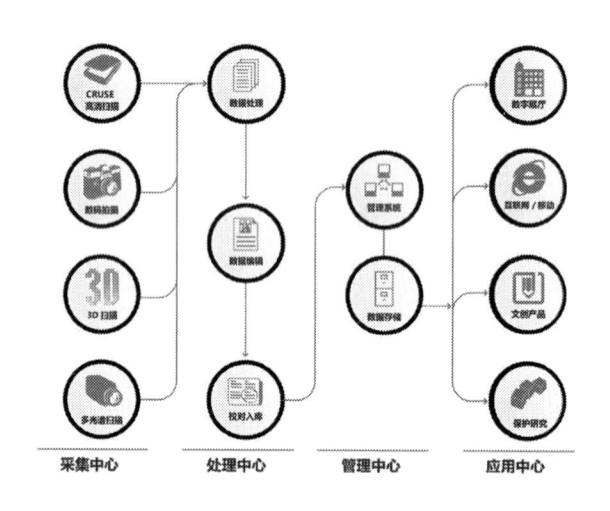

图2-1　智能生态系统业务流程

中国国家博物馆馆长王春法在《关于智慧博物馆建设的若干思考》中对智慧博物馆建设方面的理解也得到了国内专家的普遍高度认可,他提出智慧博物馆主要是指以数据的获取与应用为中心的博物馆运维模式,复杂文物三维数据高效原真采集大幅度提高了文物藏品数字化生存的质量水平,高速安全有效传输使消除信息孤岛、实现数据融合共享成为可能,虚拟现实技术的大规模应用使信息空间之外又出现了虚拟空间,沉浸式体验、远程交互使观众和博物馆工作人员从环境之外进入环境之中,实现了"人——物——信息"全方位融合交互。智慧博物馆以通用私有云、地理信息系统和卫星定位系统以及算法为核心技术支撑,重点通过多模态情景模拟与还原等高效原真采集和高速有效传输解决对人、文物、空间、设备的透彻感知问题,从根本上改变文物的生存方式、博物馆的运维方式和观众的观展方式,使传统博物馆的"人——物"二元关系、数字博物馆的"人——物——数字空间"两两单向关系升级为智慧博物馆中的多模态情景还原模拟,让人从数字空间之外进入数字空间之中,也就是说人和物都是在数字空间之中活动的,从而更好地实现对文物的智慧保护、对观众的智慧服务和对博物馆运维的智慧管理,真正做到以人为本。[1]从这个角度上说,智慧博物馆就是利用云计算、大数据、物联网、人工智能、AR、5G、区块链等最新信息技术,提供"人——物——数字空间"三者之间的双向多元信息交互通道,实现透彻感知、泛在互联、智慧融合,并具有自主学习、迭代演进能力的博物馆新业态。

由上可见,这种智慧化的博物馆模式,模糊了实体博物馆和数字博物馆的界限,能够有效地融合两者的优势,有望推进博物馆快速进入精细化运作的阶段。如中国国家博物馆专家普遍认为智慧博物馆不仅仅是信息化,也不能简单与信息化画等号,而更应该强调智慧管理、智慧保护和智慧服务等,也是按照透彻感知、泛在互联、智慧融合、自主学习、迭代提升这五条技术路径在推进智慧国博的建设,遵循这样的技术路线思路,在技术架构上能够形成自下而上由基础设施层向数据管理层,到平台支撑层,再到应用服务层延伸的立体架构,在工作流程上会形成从感知——数据——决策——执行——评估——反馈的闭环系统,从而使博物馆业务工作、管理工作和服务工作全方位立体化融汇联通起来。

---

[1] 王春法:《关于智慧博物馆建设的若干思考》[J],《博物馆管理》,2020年第3期,第4-15页。

透彻感知是运用物联网、计算机视觉等先进技术构建透彻感知体系,实现对博物馆内包括文物、观众、库房、设备、展厅及空间的全面感知,实时获取博物馆情景态势,形成海量多模态数据资源,将博物馆实体空间映射到数字空间。

泛在互联是依靠物联网、5G、Wi-Fi等先进技术,为博物馆打造无处不在的网络,搭建大容量、利用率高、具备弹性扩展能力的博物馆私有云,构建涵盖博物馆全量多源异构数据的大数据中心,实现数据高效安全传输与存储,实现人与人、人与物、物与物的互联互通及数据共享。

智慧融合是借助大数据中心对数据进行融合、挖掘及智能分析,依托感知获得的海量数据及相关先进技术的可靠保障,构建博物馆的综合管理、核心业务、运维保障等应用体系,最终通过馆长驾驶舱的形式进行数据可视化呈现,实现动态智能决策管控。

自主学习是通过聚类、归纳、演绎、比较等手段,对运营主体与外界环境多轮感知、互动交互产生的海量数据进行深度挖掘,从多维数据中发现错综复杂的关联,使其有价值的部分沉淀下来,并与现有的文物知识体系相结合,将有价值的数据转化为知识,实现从数据到知识、从知识到智慧的升华,赋予博物馆思考、理解、推理和解释能力,基于感知智能的结果构建可迭代的认知智能体系。

迭代提升是通过持续的感知互联融合学习,推动博物馆智慧水平,动态优化智慧运维管理流程,实现博物馆从数字化向智慧化建设的跨越发展和弯道超车,以构建智慧博物馆标准规范体系为推动迭代提升的根本手段,形成智慧博物馆反馈优化机制,定期对已建系统迭代升级,以确保智慧博物馆与时俱进,在真正意义上实现迭代更新发展。

中国人民革命军事博物馆馆长刘中刚同样认为,基于国内近十年的理论与实践的根基,我国智慧博物馆建设仍处于进行时态。主张智慧博物馆是一个系统性理论和体系工程,利用企业架构理论再造博物馆业务流程,实现IT技术支撑,切入与科技共舞的维度,利用大数据、云计算、物联网、人工智能、虚拟现实等最新技术,赋能博物馆藏品征管、文物保护、展陈研究、社会教育、观众服务等业务,对博物馆范围内的人(包括观众、公众和博物馆人)、物(文物、藏品、设备设施)、空间(展厅、库房、院落)、环境(室内环境、馆区外环境与交通等)、大数据等核心要素透彻感知、泛在互联、交互融合,实现服务个性化、体验数字化、管理智能化、决策科学化,最终形成具有自主学习、科学演进能力的博物馆运营体系、线上线下相结合的新型发展模式、以人为中心而不是以科技为中心的新生态。[①]总之,智慧博物馆强调人与大数据的互动,突出人在智慧建设中的主导性、主体性和终极享用性,促使公众和博物馆人的经验型决策转为基于大数据支撑的智慧决策,达成对博物馆运营、服务和管理等的科学优化,实现公众对博物馆文化消费的兴趣使然和理性取向。

2023年3月31日,由中国国家博物馆、中国电子技术标准化研究院、陕西师范大学、浙江大学等单位共同参与起草的《智慧博物馆建设总体要求》(T/CESA 1254—2023)团队标准正式发布,并于2023年4

---

① 刘中刚:《对当下智慧博物馆建设的若干思考》[J],《中国博物馆》,2022年第1期,第101-106页。

月1日正式实施。该文件确立了智慧博物馆总体架构,规定了基础设施、云平台、大数据平台、智慧应用以及安全保障和运维保障等要求,适用于智慧博物馆及博物馆改扩建的整体规划以及具体项目的规划、设计、建设和运维。其中定义智慧博物馆是利用新一代信息技术,提供人、物、数字空间三者之间的双向多元信息交互通道,具有自主学习、迭代演进能力的博物馆新形态。

智慧博物馆中的"智慧",是人由感知到判断,再到决策,并最终体现于言、行、神、情等的过程,展现科学性、严谨性、预判性和知识性、趣味性等综合能力。实际目前国内大多智慧博物馆设计,在很多方面虽然有"智慧"之名,但离万物互联、透彻感知、智能融合等智慧化特征还有相当距离。2021年5月,中共中央宣传部、国家发展改革委、文化和旅游部等九部门发布《关于推进博物馆改革发展的指导意见》时强调:"大力发展智慧博物馆,以业务需求为核心、以现代科学技术为支撑,逐步实现智慧服务、智慧保护、智慧管理。"智慧博物馆建设提出的智慧服务、智慧保护和智慧管理三个领域是对博物馆各个领域发展质量的全方位、系统化提升。

第二节　博物馆数字化驱动智慧化

科技的进步促进了数字时代的到来,博物馆作为文化传承的重要载体,在新时代背景下,以数字研发、数字技术的应用以及综合技术的集成为手段,通过虚拟结合现实、传统结合现代、接触结合非接触的方式,以全新的思维理念和呈现模式对传统的展示方式进行有效补充,从而在真正意义上构建和形成数字化驱动下的博物馆智慧场景营造,使观众从"观看"博物馆转为"体验"博物馆。在数字化驱动下,新型智慧博物馆在高效管理、多元展示、互动体验、远程服务、数据分析、智能保护、个性化服务、知识传播、创新发展和资源共享等方面均应给观众体验带来更多全新的活力。

当然,智慧化博物馆和数字化博物馆紧密相连,二者相辅相成,但在本质上还是有所区别的,更准确地说我们更多探索和建设的应是数字化驱动下的新型智慧博物馆。博物馆数字化是充分运用云计算、物联网、大数据等新一代信息技术,感知、计算、分析博物馆运行相关的人、物、活动等数据信息,实现博物馆征集、保护、展示、传播、研究和管理活动智能化。而智慧化的博物馆是通过充分运用信息技术成果,处理收集关键信息,实现博物馆传播展示的全面提升,通过技术革新,博物馆带给观众的体验感受更为直接,与观众的互动加强,博物馆从被动的技术推动转变为主动引导技术应用,同时,通过数字化博物馆的动态体验和沉浸传播,其创造的虚拟场景可以对时空进行延伸,将信息与展品进行深度融合,增强传播内容的可视性,连接不同的空间,人们在任何地方都可以获得来自另一空间的信息,以高度的交互性和体验感实现泛在传播,在数字化驱动下的智慧化场景是更加全面、深入和泛在的万物互联和多模态感知,基于大数据、云计算、物联网、移动互联网和人工智能反馈控制的人与人、人与物、物与物智能生态系统迭代形成全链条的数字化藏品、数据驱动的科学研究、高效便捷的观展服务、沉浸交互的观展体验、云端漫游的线上之旅、多元分众的教育体系、安全低碳的智慧场馆、敏捷协同的运营管理等智慧化场景,以及智慧服务、智慧文保和智慧管理的科学运作体系。

随着数字和信息化的快速发展和应用,数字化已成为文博事业中的重要组成部分,数字化在博物馆领域得到了大规模应用,从聚焦藏品到广泛应用于展览展示、文物保护修复、教育传播、文化创意、运营管理等诸多方面。目前我国文博行业已经普遍形成了"数字拥抱未来,科技赋能文博发展"的共识,各地博物馆不断突破传统静态陈列方式,智慧场景营造已成为博物馆陈列展览的应用手段之一,为观众带来全新体验,而智慧博物馆作为博物馆数字化的发展趋势,随着技术的进步与革新,也得以快速发展。从效果上看,博物馆数字化打破了传统博物馆的时间和空间限制,人们在文化、艺术和历史等方面的需求愈加多元化和精细化,这就要求博物馆必须借助数字化技术有效地整合、利用馆藏资源,以观众的需求为出发点,满足多元化、定制化需求,智慧文博应运而生。智慧文博到底是什么呢?它是指通过技术赋能文物系统智慧化建设,将前沿技术应用于文博资源的管理、开发、修复和展陈,智慧文博将全面推动传统文博机构的转型升级,进而实现文物保护与利用、文物展示与传播、文化传承与创新的协调统一。

实际上,博物馆数字化早在21世纪初就开始了以文物本体的数字化生产为牵引,即利用数字扫描技术和模拟技术对文物本体信息进行大规模数字化采集。在科技推力和公众需求的双轮驱动下,数字化博物馆通过多媒体与音视频、多媒体、AR增强现实、VR虚拟现实、数字沙盘、数字孪生等数字或信息化技术作为展示手段,使用最新的影视动画技术,结合独到的图形数字和多媒体技术,融入了各种高新科技,通过对视频、声音、动画等媒体加以组合应用,深度挖掘展览陈列对象所蕴含的背景、意义,赋予馆展更深内涵,从而带给观众视觉震撼。博物馆数字化有很多优点,例如,可实现传统博物馆"人——物"二元关系由现实世界向网络世界的延伸,通过把多媒体技术应用于展示进而发展为独立展项,为博物馆文物保护和展示提供了更大空间。它保存文物信息不受空间限制,也不存在因展出空间、条件的限制而不能展示的问题。在沉浸式传播中,人既是传播的主体,同时也是传播的内容。参观者通过手机、电脑、大屏等显示终端界面可以更有效地得到所展示文物的多方面信息,更好地满足不同参观者的不同需求,而这也是传统博物馆在展示中面临的难点。博物馆在数字化资源的公开化、使用者的自主性以及展示手法的多元性等方面,确实突破了传统博物馆的局限,但是也看到了博物馆数字化发展过程中的不足之处:

一是过度以技术为中心,博物馆被牵引性强。

在实际中仅单一突出"物"的数字生产,形成数字资产和数字资源的界定不明显,缺乏大数据治理和分析问题的模式,特别是缺乏大数据对"人"的判断性自研输出。在技术驱动力的背景下,数字博物馆建设会陷入技术标准主导的误区,只是各种技术的堆砌,致使数字博物馆建设缺乏清晰的路线图,通常容易的领域超前领先,有难度的领域迟滞不动,有很多在技术上又过于标新立异,曲解了数字媒体所带来的"沉浸感"和"交互体验",以为所谓的沉浸式展览就是将声、光、电技术应用,导致如声、光、电技术滥用等,使得各种文物藏品自身的文化及艺术魅力被弱化和消减,同时也无形中增加了博物馆运营的维护成本。

二是仍存在数字化和智慧化认知程度不高的问题。

博物馆数字化对于丰富博物馆功能的实现、提高公众对博物馆的参与度、促进文博工作者学习数字化技术有重大意义,同时,也为构建智慧博物馆提供技术支撑。开始于2012年的智慧博物馆,是在4G网络技术广泛普及的背景下,在融合博物馆信息化、数字化建设基础上,迭代衍生而来。向5G时代的跨越,4G时代的智慧博物馆更多的是博物馆信息化、数字化的延伸、融合和对智慧化建设的探索,进入5G、Wi-Fi六代和物联网时代,智慧博物馆才与博物馆信息化、数字化的边界清晰起来,真正符合"智慧"的理念和标准。博物馆智慧化以满足"人"的需求为目的,强调对大数据的治理和价值挖掘,强调博物馆运行体制机制的改革和业务流程的重塑和万物互联的智能感知、互融及符合个体画像需求的传播。

根据实际实践情况,总体来看,目前国内对数字博物馆、数字化博物馆的概念区分并不十分清晰明确,在某种程度上,二者都是指以新技术手段来完成藏品的数字化录入、保护分析和展示的方式。并无明显区别。具体来说,都是指运用虚拟现实技术、三维图形图像技术、计算机技术、立体显示系统、互动娱乐技术、特种视效技术,将现实存在的实体博物馆的三维立体的方式完整呈现于网络上的博物馆。信息化基于部门,基于由手工模式向计算机平台的迁移。数字化基于"文物"的第二生命即其数字资产的生产,而智慧化基于博物馆"人""物""空间""环境""大数据"的融合互动,强调博物馆人或公众本体对科技的应用,提高最新理念的认知理解,摆脱纯经验主义,形成基于大数据、云计算、物联网、5G移动互联网和人工智能等技术应用下的科学优化。

三是内容、形式单一性和过度依赖的问题。

国内很多博物馆的数字内容形成较久,没有做与时俱进的及时更新,忽视了数字内容的更新和创新,一成不变的内容让游客感到无聊,甚至有些过时的政策解读导致观众片面认知,忽视数字内容的时代性,从而对博物馆造成不良口碑。数字内容形式也比较单一,很多数字内容呈现方式只是以转换媒介展示藏品本体的方式为主,将拍摄或三维扫描的实物本体通过简单地复制拷贝,以不同的数字媒介呈现出来,创新性、交互性也有待提升。在选用数字化技术时缺乏预见科技的前瞻性,为未来一段时间内的数字化技术发展留足空间,而不是华而不实的数字堆砌数字技术不能取代人脑解读藏品信息,其所蕴含的非言语性和非视觉性信息无法被数字储存或展示。脱离了实物支撑的数字化展示,缺乏观看藏品本体的临场感和仪式感,这些感觉很难通过技术设备充分表现出来,而经过复制和转译的图像更缺乏全面转述文物的信息能力,难以达到预期的展示效果。存在以藏品的数字化展示取代实物藏品展示这类典型本末倒置的现象,过度依赖、神化数字化技术,而忽视了藏品本身在博物馆展示中的主体地位。

党的十八大以来,党和国家高度重视中华优秀传统文化的传承、文化遗产的保护、博物馆工作的创新。2021年3月发布的《中华人民共和国国民经济和社会发展第十四个五年规划和2035年远景目标纲要》,两次提到"博物馆数字化"。2021年5月,文化和旅游部、国家文物局等9个部门联合印发《关于推进博物馆改革发展的指导意见》(文物博发〔2021〕16号),提出我国在2035年基本建成世界博物馆强国的战略目标,并对智慧博物馆建设及相关工作做了充分阐述,明确指出要"大力发展智慧博物馆,以业务需求为核心、以现代科学技术为支撑,逐步实现智慧服务、智慧保护、智慧管理"。2021年11月,国家《"十四五"文物保护和科技创新规划》正式印发,对提升文物科技创新能力进行了"全链条"布局。2020年5月,中共中央办公厅、国务院办公厅印发的《关于推进实施国家文化数字化战略的意见》提出,到"十四五"时期末,基本建成文化数字化基础设施和服务平台,形成线上线下融合互动、立体覆盖的文化服务供给体系。2023年7月,国家发展和改革委员会发布了《产业结构调整指导目录(2023年本,征求意见稿)》公开征求意见的公告,文件中对文化旅游、文物、博物馆、文化遗产等方面推动文化产业发展做了多方面指导，如支持智慧博物馆建设，支持博物馆数字化建设，包括数字采集、整理、存储、展示和宣传等，支持文化资源数字化采集、整理、存储、展示和利用。2023年10月，中共中央宣传部、文化和旅游部、国家文物局等13个部门印发《关于加强文物科技创新的意见》的通知（文物科发〔2023〕32号），强调科技创新是文物事业高质量发展的核心动力，推动文物资源数字化、智慧博物馆建设、大遗址展示等关键技术研发与应用示范，通过国家科技计划，支持文物科技创新研究。

随着科技的发展和社会需求的变化，越来越多的博物馆开始充分利用数字资源，大力开展"云展览""云教育""云直播"等线上服务，结合AI人工智能、AR增强现实、VR虚拟现实、XR扩展现实等现代技术手段，协同探索创建优质应用场景，提供沉浸式体验、数字孪生、高清直播等新型文旅服务，构建线上与线下相辅相成的新型知识生产与传播体系。同时，聚焦现代信息技术发展前沿，各博物馆也开始注重合作开展关键技术研发，逐步推出博物馆智慧保管、智慧修复、智慧开放、智慧讲解、智慧社教、智慧展览等方面模块产品，将智慧博物馆建设融入博物馆业务活动全流程。如博物馆依托馆藏特色，开发具有鲜明特点和符合观众需求的数字藏品以及其他形式多样的数字文创产品，加强现代设计与传统工艺对接，实现优秀传统文化资源的创造性转化和创新性发展，同时，加大藏品基础信息开放共享力度，积极通过自媒体短视频和小程序等线上平台公开本馆藏品信息，切实发挥文物信息资源共享对传承发展中华优秀传统文化、推进社会力量参与文物保护利用等方面的积极作用。将数字技术赋能文物保护，开展馆藏珍贵文物数字化保护项目，加大馆藏珍贵文物高清影像信息和三维信息采集比率，不断提高文物数字化保护水平。依托政府政策支持优化高水平数字人才引进政策和管理方式，开展数字化相关研究，加强高端数字人才的自主培养，探索建立"博学研"协同创新机制,与高校、科研机构深入开展交流合作,共建联合实习基地,探索数字人才资源共享,培育一批复合型"数字工匠"……越来越多的博物馆高度重视与多方合作,将日新月异的数字技术应用于博物馆的文物修复保护、知识生产、线上展览、直播导览、线上教育课程、视频直播、云展览、数字孪生、虚拟现实等,让收藏在博物馆里的文物能以更多更新的方式"活起来",加强藏品数据信息基础建设和关联数据分析能力建设,深入挖掘与鲜活呈现积淀深厚的中华文明,致力于提供教育、深思和欣赏。

文化是一个国家、一个民族的灵魂,我国文博行业迎来历史发展的重要机遇,文博数字化转型是健全博物馆公共文化服务体系,落实文化数字化战略的重要举措和必由之路。当前我国数字文博的发展呈现良好态势,一系列数据表明,我国文博事业取得了显著成效。而云展览、云教育、云直播等线上展览、参观的方式,使数以亿计观众足不出户、共享博物馆发展成果,促进博物馆公共文化服务水平显著提高。从动因上来讲,我国文博的数字化转型既是文博单位在数字经济时代条件下为满足公众日益增长的精神文化需求而主动求新求变的过程,同时也是在文化强国基调下国家层面的政策引导和数字技术不断渗透助推的结果。毕马威中国在2023服贸会正式发布《文化无界,数字焕新——文博数字化转型初探》报告,该报告建议文博单位在数字化建设过程中应以正确的理念作为指导,以效率和体验提升为核心目标,大胆引入先进的数字技术,创新数字技术在藏品管理、展览、教育、科研、内部管理等领域的应用场景和呈现方式,引领全球文博行业数字化发展潮流,推动我国文化事业的大繁荣。结合此报告,基于我国国情和博物馆数字化建设实践,相关文博专家学者总结出我国文博数字化建设要秉持的五个方面理念,具体如下:

以人为本。博物馆作为公共文化服务机构,在数字化建设中要从人民群众的需求出发,重视体验打造,为观众参观服务提供更加多样化的渠道,实现人与物、物与物、人与人之间的贯通和交互,体现人本思想和人文关怀。同时,要尽可能覆盖和惠及更多群体。

数据为核。在规划实施过程中,我国博物馆应紧紧围绕馆藏特色资源,按照馆藏资源开放整合的标准体系,运用信息技术开发信息资源,实现藏品价值利用的最优化。

业务导向。数字化建设要服务于博物馆整体战略和业务发展需要,以业务需求为导向,构建数字化场景,有效整合信息资源,合理开发各服务功能板块,支撑博物馆业务发展和运营管理。

开放共享。博物馆只有通过开放和共享才能有效扩大公共文化服务覆盖面,激发更多社会力量参与到博物馆建设中并共享文化成果,才能更好地参与到国际合作和文化文明的交流互鉴中。

守正创新。博物馆数字化建设要站在博物馆学的角度,关注人文历史类博物馆和自然科学类博物馆在办馆理念和功能定位等方面的差异,提升观众体验和管理水平,引领文博数字化发展潮流。

近年来,越来越多的博物馆开始重视投入由数字化到智慧化的博物馆建设和改扩建,尤其是博物馆新馆的建设,除了引入智能建筑,还从系统方面充分应用大数据、云计算、物联网、移动互联网和人工智能等技术。博物馆新馆的智慧化建设应以数字化改革推动博物馆系统性重塑为目标,以内容创意化、感知全面化、服务智能化为抓手,以观众体验感提升为核心,基于文化主题的知识挖掘、加工和生产,以适当的叙事方式和表现手段对文化遗产的知识资源进行再创作,实现博物馆文化遗产的数字化、知识化、故事化、可视化,形成具有特色IP主题文化内容和博物馆特色的文化品牌。观众作为智慧博物馆建设的终极体验者,在智慧博物馆建设过程中,通过实时感知人、物、数据、事件、环境、空间的状态,洞察游客参观全过程需求,建立覆盖参观前—中—后的线上线下一体化、智能化闭环服务,从场景、感官、情感三方面满足观众多元体验需求,提供"有温度、更懂你"的贴心服务。博物馆新馆建成后重点打造"终端+内容+应用+服务"的创新运营机制,激活博物馆文化遗产、激发其商业价值,让文化资源"活起来",打造具有影响力的博物馆IP,提升城市文化认同感,提升观众文化自信。在新馆的数字化、智慧化建设实践探索方面,国内也出现了很多典型代表,给文博事业的高质量发展提供了经验借鉴。

如由文化和旅游部主办的"2022年文化和旅游数字化创新实践十佳案例"活动中,作为十佳案例之一的江西省博物馆"数智江博"综合应用知识图谱、大数据、移动互联、人工智能等技术,建设了江西古代名人数字人文研究与服务平台。"数智江博"充分挖掘、活化了江西省博物馆馆藏文物资源的历史价值、艺术价值、科学价值,极大地促进了文化传播和文化传承,强化了博物馆"大脑",激发管理服务"新活力",进一步推动了大数据、云计算、物联网、人工智能等技术与智慧文旅的深度融合,实现了全馆业务的整体数字化转型和智慧化升级,全面提升了江西省博物馆的保护、管理和服务等业务能力和水平。项目支撑构建的透彻感知、泛在互联、智能融合新型博物馆,为我国博物馆数字化转型与智慧化升级提供了参考模式。

江西省博物馆为进一步提升科研文保能力、运营管理水平与公众服务效果,2019年就开始在江西省文化和旅游厅的指导下,以新馆建设为契机,启动了"数智江博"综合管理服务体系建设。整个建设周期历时三年,建设初期完成体系顶层规划设计,建设中期完成三个方面建设内容:一是IT基础设施方面通过设备采购、调试安装、集成测试完成了感知设施、云计算中心设施、数据备份设施、信息安全设施、运行设施5类基础设施的整体建设和支撑;二是数据资源方面通过进场准备、现场采集、成果制作、质量检查,以文物为核心,完成了江西省博物馆15类特色数字文化资源的采集加工;三是应用服

图2-2 "数智江博"系统架构

务集群方面通过需求调研、系统设计、软件开发、系统测试、系统培训完成智慧服务、智慧管理、智慧保护的28套子系统的建设。建设末期,积极高频次、广角度推动系统运行并提出修改意见,先后完善编制了14套标准规范体系,最终保障了该体系的稳定运行。

江西省博物馆新馆率先启动了全面的智慧博物馆建设,综合应用物联网、大数据、云计算等先进数字信息技术,通过理念、模式、功能的创新,实现了江西省博物馆文物保护、运营管理、公众服务等业务的全面数字化、网络化、智慧化,建构了新时代江西省博物馆的智慧科技能力体系,推动了全馆信息化和数字化的纵深发展,从全局和根本上解决长期以来"各自为政、条块分割、烟囱林立、信息孤岛"的老大难问题,数智赋能下的智慧导览、沉浸式体验等让博物馆"活起来",释放博物馆新力量。借助智慧化技术全面提升管理与展示水平,公众可以实时动态了解馆内参观情况、藏品资源、展厅讲解及志愿服务等情况。同时,依托江西古代历史文化遗产和名人文化资

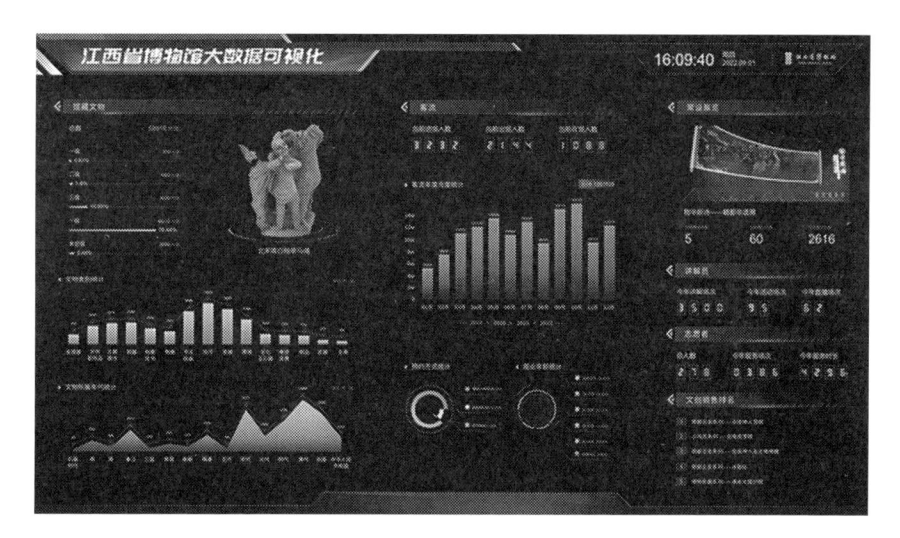

图2-3 "数智江博"大数据可视化

源,以馆藏文物、档案资料、学术文献等海量数据为基础,利用互联网、大数据、知识图谱等新技术建设的专题文化知识服务平台也面向公众开放。"数智江博"综合管理服务体系建设还基于灵活智能的工作流引擎等技术,构建了覆盖藏品保管、陈列展览、社教服务等各类业务,联通业务、人事、财务等全馆智慧协同一站式数字化办公新模式,将博物馆协同应用产生的事件信息与即时消息深度整合,实现人、财、物、事各信息实时关联互动响应、全馆信息及时达、业务及时办、决策分析科学化等,重构了全馆智慧协同的管理与服务,全面提升了博物馆运营效率。

"数智江博"打造永不落幕的云展览。在"互联网+"大时代背景下,在线游览已成为观众了解各类历史、文化和艺术场馆的重要方式。"数智江博"通过运用高清全景采集制作技术和HDR融合技术实现高清全景成像,依托HTML5跨平台技术、多媒体互动技术和VR虚拟现实技术,构建基于互联网的全景数字博物馆,为观众提供博物馆在线浏览体验。VR全景数字博物馆以最大限度地还原实体展厅原貌为宗旨,通过虚拟漫游、音画同步、真人实景讲解无缝嵌入

图2-4 "数智江博"客流可视化

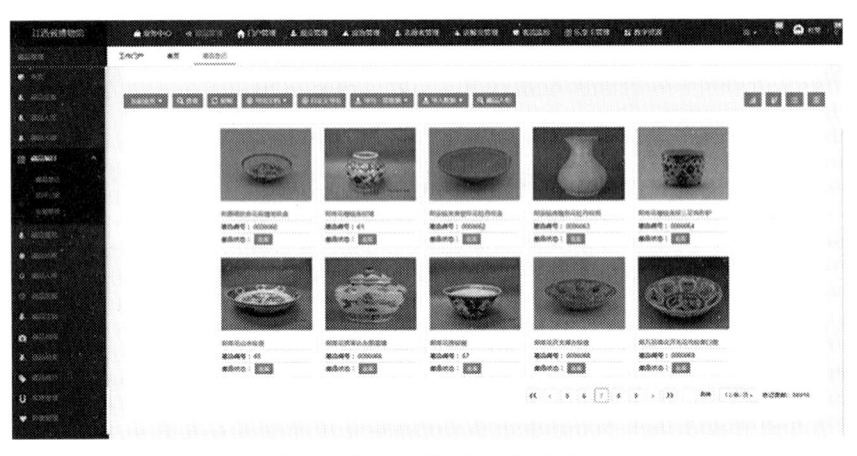

图2-5 "数智江博"藏品管理系统

等功能,为观众提供沉浸式游览体验。"点哪到哪,指哪看哪"的交互方式,多层次的场景定位功能,则为在线参观提供比现场参观更快捷的游览方式。嵌入式书画在线浏览、展览藏品三维交互等多种浏览方式,实现了观众与博物馆中各类数字资源的深度互动。VR全景数字博物馆不仅能提供全视角、沉浸式的在线观展途径,更以其知识性、趣味性,让观众获得比实体展厅更丰富的内容及体验,为观

图2-6 "数智江博"VR全景数字博物馆（首页）

众提供永不落幕的云展览。

"数智江博"推进智慧数据下的历史人文研究与传播。江西省拥有丰富的古代名人相关文物、古籍、档案、研究文献及互联网数字资源，为解决海量文化资源知识组织与管理的共性难题，实现历史文化资源的活化传播，进一步提升博物馆的公共服务能力，"数智江博"综合应用知识图谱、大数据、移动互联、人工智能等技术，建设了江西古代名人数字人文研究与服务平台。平台以专题知识为驱动，以线上、线下融合的展览展示为表现形式，基于丰富的古代名人知识图谱数据库和敏捷灵活的知识服务支撑平台组件开发包括名人百科、名人知识检索、名人生平、名人社会关系、名人故事、名人行迹图、名人作品、名人故事，为大众提供关于江西省古代名人的权威、丰富、富于表现力的知识百科、图谱可视化、时空地图、智能问答等，帮助观众全方位、深入地了解江西省古代名人其人、其事，走进江西古代名人的精神世界，提升博物馆研究、展示、教育和传播水平。

作为江西率先利用知识工程结合大数据技术进行历史文化资源组织、管理和利用的创新实践，平台具有数据全面、应用智能、技术先进、服务创新、特色鲜明、示范突出的特点。"数智江博"已在

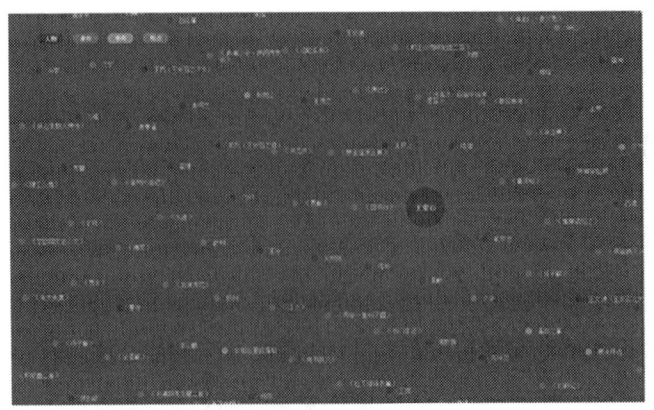

图2-7 "数智江博"古代名人数字人文研究与服务平台（人物关系图谱）

多个维度实现创新成效。如全连接方面创新高效的信息获取和传递机制，实现了物与物、人与人、人与物之间的信息连接和交互，可随时随地掌握博物馆各方面的实时状态。全融合方面创新统一的数据驱动业务运营机制，实现了文物、观众、资产、业务等各类异源异构数据的集成融合，消除了数据烟囱，使数据驱动业务、数据创造价值的理念得以贯彻实行。全智能方面创新基于"智慧大脑"的服务和决策机制，将大数据、人工智能等技术融入博物馆工作的各个环节，实现观众、展品、展览、活动等各类感知数据的智能分析，方便到馆观众自主、便捷观赏，及时准确地掌握观众活动信息，由传统的被动处理、事后管理向过程管理和实时管理转变。综合运用物联网、大数据、云计算等技术，基于多层平台和数字服务的先进智慧博物馆实践对全国博物馆数字化和智慧化建设具有重要的示范参考价值。

博物馆在数字化基础上建设发展的智慧化不但在优化观众体验、高效保护文物、提升管理水平、增强教育效果、促进文化传播、推动文化创新、提高服务质量、实现资源共享、传承历史文化等方面有重要推动作用，也有更深的内涵意义。首先，拓展博物馆的延展空间。由于博物馆受场地环境、藏品数量、藏品质量和策展资源限制，向公众展示的文物和展览较为有限,讲解和社会教育等的传播范围也有限,馆际横向关联和响应效率同样有限,难以满足公众日益增长的文化消费,尤其是差异化需求和个性化需求。智慧博物馆回应了这一矛盾,从现实拓展至网络、从实体延伸到虚拟、从面对面发展到超时空,极大地延展扩大了空间范围,馆际横向关联也得到有力保障。其次,优化博物馆的内在机制。科技发展为博物馆带来了更多机遇,但需要博物馆人及时更新理念。智慧博物馆以对大数据的多模态感知为基础,以业务需求为核心,以公众输出为目的,以持续创新的技术手段为支撑,建立更加全面、深入且泛在的互联互通,消除信息孤岛。这就需要再造博物馆内部和对上、对外的边界,重塑更深入切合智慧化运营体系的内在机制,直至推动博物馆编制体制的创新优化。最后,赋能博物馆的业务流程。智慧博物馆坚持以需求驱动、业务引领为原则,通过重新梳理博物馆各要素的关联关系,优化重构业务架构、流程,从而形成全新合力,加强博物馆内外协同。博物馆中的人、物、空间、环境等数据通过网络汇集能够实现动态感知,结合大数据技术积淀、治理和挖掘,实现对博物馆服务、保护、研创和管理的智能化和循环优化。以"人"为中心的信息传递和服务模式,促使全要素之间的关联真正达到智慧化融合。

第三章　智慧博物馆建设的改革发展

2023年8月31日,北京市文物局印发了《关于推进博物馆数字化建设工作的指导意见》,明确强调积极推进智慧博物馆建设和数字化转型的工作。该文件中明确了六项重点任务,分别是"加快馆藏文物数字化转型,推进藏品公开共享""建设智慧博物馆,增强线上文化服务供给能力""强化馆藏珍贵文物数字化保护,提升文物数字化保护水平""完善人才培养机制,加快培育数字化创新人才""完善人才培养机制,加快培育数字化创新人才",以及"加强组织保障,强化项目管理"。同时,提出到2025年要达到"博物馆数字化建设取得显著成效,智慧化博物馆体系日益成熟""馆藏文物数字化保护水平得到大幅提升""数字文化产品和服务供给更加多样化""数字化人才队伍知识结构和能力素质不断提高",以及"人民群众高品质、多样化的数字文化需求日益得到满足"这五类工作目标,并以此来推动数字化建设与博物馆发展深度融合,开创新时代文博事业发展新气象。各级各类博物馆也开始依托数字技术积极打造"不打烊"的博物馆,并充分利用数字资源,高频次开展"云展览""云教育""云直播"等线上服务。同时,结合人工智能AI、增强现实AR、虚拟现实VR、扩展现实XR等现代前沿技术手段,协同探索创建优质应用场景,为更多人群提供沉浸式体验、数字孪生、高清直播等新型文旅服务,进一步构建线上与线下相辅相成的新型知识生产与传播体系。可以看到国内越来越多的博物馆开始聚焦现代信息技术发展前沿，各馆之间加大合作力度开展关键技术研发，积极探索智慧保管、智慧修复、智慧开放、智慧讲解、智慧社教、智慧展览等方面的平台化应用，并注重将智慧博物馆建设全面融入博物馆业务活动全流程。

科技创新是文物事业高质量发展的第一动力，推动文物和文化遗产的活化利用离不开科技创新。习近平总书记多次强调，要运用先进技术加强文物保护和研究。党的十八大以来，在以习近平同志为核心的党中央坚强领导下，经过广大文物科技工作者的不懈努力，文物科技水平不断提升，有力推动了文物保护、研究、管理和利用工作。2023年10月26日，中共中央宣传部、文化和旅游部、国家文物局等13个部门印发《关于加强文物科技创新的意见》的通知，该文件经中央全面深化改革委员会审议通过并出台，为文物事业高质量发展提供了有效支撑，在优化文物科技创新布局方面的部署实施文物关键技术攻关任务中，强调"围绕文物保护利用重大需求，加强共性关键技术研发和系统集成""推动文物资源数字化、智慧博物馆建设、大遗址展示等关键技术研发与应用示范""通过国家科技计划，支持文物科技创新研究"。同时，文件还提出要通过统筹解决文物科技有效供给尚不充分、科技人才严重不足及科技资源配置不均衡等制约文物科技创新的问题，以文博单位、高校、科研院所等为依托，统筹加强人才培养和基础条件建设，破除体制机制障碍，充分发挥科学技术对文物事业发展的支撑引领作用，实现我国从文物资源大国向文物保护利用强国的历史性跨越。该文件同时也明确了2025年和2035年两个主要目标分别是"到

2025年，面向国内领先、国际一流的远景目标，依托研究型文博单位、高校和科研院所，重点建设一批国家级和地区性文物科研机构；文物科研力量显著提升，形成科研方向稳定、结构合理的科研人才梯队；初步建成国家文物考古标本资源库和国家文物保护科学数据中心（文物大数据库）；在重点领域突破一批文物保护和考古关键技术，形成若干系统解决方案，建立健全文物基础研究、应用研究和科技成果转化的有效衔接机制"。"到2035年，建立跨学科跨行业、有效分工合作的文物科技创新网络，建成文物科技基础条件平台体系和共享服务机制，形成具有中国特色的文物科技创新系统性理论、方法与技术，文物保护、研究、管理和利用科技创新能力显著增强，更加有效地实现对文物本体及其历史、艺术、科学信息的永久保存和永续利用。"[1]该文件同时对优化文物科技创新布局、加强文物科技创新平台、壮大文物科技创新人才队伍、完善文物科技创新激励机制等方面做了具体任务部署，围绕落实科教兴国战略、人才强国战略和创新驱动发展战略，以文物科技创新能力提升为核心，以平台建设和重大项目为抓手，为保护文物、延续文脉、繁荣文化提供科技支撑。

面对新时代、新形势、新需求，博物馆发展不平衡、不充分与人民日益增长的美好生活需要之间的矛盾还比较突出，如何响应时代需求，进一步激发博物馆发展活力，实现博物馆由数量增长向质量提升的根本性转变，是博物馆事业发展迫切需要解决的问题。为更好地解

---

[1] 《中央宣传部 文化和旅游部 国家文物局等十三部门关于印发〈关于加强文物科技创新的意见〉的通知》[EB/OL], https://www.gov.cn/zhengce/zhengceku/202311/content_6916308.htm.

决这一难题,国家文物局会同有关部门,历经三年研究起草《关于推进博物馆改革发展的指导意见》(文物博发〔2021〕16号),并经中央文化体制改革和发展工作领导小组第9次会议审议通过,2021年5月24日,由中共中央宣传部、国家发展和改革委员会、教育部、科技部、民政部、财政部、人力资源和社会保障部、文化和旅游部、国家文物局9部门正式联合印发,这为当下我国博物馆的改革和发展提供了明确的指导,指明了未来发展方向,明确到2035年基本建成世界博物馆强国。

近年来,在党中央、国务院的关心、支持和社会各界的共同推进下,我国博物馆事业得到迅猛发展,日益成为世界博物馆发展的中心和热点,使博物馆成为展示中国形象、中国风貌、中国声音的窗口。专家们在起草指导意见的过程中涉及"走出去"方面时尤为重视,做了大量深入调研和探讨,一致认为要从"文物外展"走向"理念输出",让中华文化与世界人民创造的丰富多彩的文明,共同为人类提供精神指引和强大动力,要动员各方面广泛参与,增强策展主动性,拓展策展思路,提升策展能力,着力弘扬中华文化蕴含的人类共同价值,增强中华文明的吸引力和感召力。参与起草的专家还认为在指引我国博物馆迈向世界舞台这方面,还需要充分转变,过去我国的展览,主要展示艺术的价值、科学的价值和历史的价值,今后要更多地彰显人类的共同价值,要积极引进人类优秀文明的成果,促使我国博物馆真正成为世界文明交流对话的平台,不同国家和人民相向而行的桥梁。

指导意见制定了"两步走"的总体发展目标,明确到2025年要形成布局合理、结构优化、特色鲜明、体制完善、功能完备的博物馆事业发展格局,博物馆发展质量显著提升,在弘扬中华优秀传统文化、革命文化和社会主义先进文化,构建公共文化服务体系、服务人民美好生活,推动经济社会发展、促进人类文明交流互鉴中的作用更加彰显。到2035年,中国特色博物馆制度更加成熟定型,博物馆社会功能更加完善,基本建成世界博物馆强国,为全球博物馆发展贡献中国智慧、中国方案。此次制定的"两步走"目标既实事求是、循序渐进,又守正创新、先行先试;既立足国内、服务经济社会发展大局,又放眼全球、具有国际化开阔视野,充分体现了以更高的政治站位指导博物馆改革发展、以更高的政策层面布局博物馆改革发展、以更高的工作水平落实博物馆改革发展的顶层设计思路,更加凸显了指导意见作为新时代博物馆行业全面深化改革纲领性文件的把舵定向作用。

作为新时代博物馆行业全面深化改革的纲领性文件,指导意见涉及博物馆事业发展的各个维度,共划分为5个部分21个方面的具体举措:第一部分"总体要求",明确了博物馆改革发展的指导思想、基本原则和发展目标。第二部分"加强分类指导,优化体系布局",通过统筹不同地域博物馆发展、整合不同层级博物馆发展、协调不同属性博物馆发展、促进不同类型博物馆发展四个方面,明确了博物馆的未来发展定位。第三部分"夯实发展基础,提升服务效能",从优化征藏体系、提升保护能力、强化科技支撑、提高展陈质量、彰显教育功能、优化传播服务、增进国际合作等方面,提出了全面推进我国博物馆事业高质量发展的具体要求。第四部分"创新体制机制,释放发展活力",从完善管理体制、健全激励机制、鼓励社会参与等方面,肯定了深化博物馆领域改革创新的主要思路。第五部分"优化发展环境,加强改革保障",从加强组织领导、财政支持、队伍建设、监督管理等方面,强调了为深入推进博物馆改革发展保驾护航。由此可见,指导意见针对如何响应时代需求,进一步激发博物馆发展活力,实现博物馆由数量增长向质量提升的根本性转变,不但进行了总体部署,而且提出了总体要求、具体任务和保障措施,这一系列顶层设计和规划,为全国博物馆事业发展和改革指明了方向,提出了明确要求,提供了遵循依据。

令全国文博人非常关注的是,智慧博物馆建设及相关工作被给予高度重视,尤其是指导意见还明确了在2035年基本建成世界博物馆强国的战略目标,而这二者其实是具有深刻内在联系的,深刻领会文件关于智慧博物馆建设的内涵和意义,能看到智慧博物馆建设是博物馆事业发展的机遇和挑战,智慧博物馆是博物馆高质量发展的必然选择。

一、智慧博物馆建设是博物馆事业发展的契机和挑战

近二十年来,我国博物馆事业经历了较长时间的高速发展期。截至2022年底,全国博物馆总数已达6565家,2022年全年举办线下展览3.4万场、教育活动近23万场,接待观众5.78亿人次,推出线上展览近万场、教育活动4万余场,网络浏览量近10亿人次,新媒体浏览量超过百亿人次,从这些数据来看,我国已经是名副其实的博物馆大国。但是,在我国博物馆飞速发展的同时,仍然存在一些不足和问题,如博物馆整体发展质量仍具有进一步提升的空间,全国博物馆发展在区域和类型上不够均衡和协调,博物馆主题和展陈实现"千馆千面"还有差距。总之,博物馆发展不平衡不充分与人民美好生活需求之间的矛盾仍很突出,无论是在发展定位、体系布局方面,还是在功能发挥、体制机制等方面仍需要完善提升,博物馆事业高质量发展的工作尚需持续推进,而要解决这一系列问题,实现建成世界博物馆强国的战略目标,当下如火如荼的智慧博物馆建设无疑是一个良好的契机。

我们的科技在进入5G时代和万物互联时代后正以前所未有的速度迅猛发展,不可避免地对各行各业的发展都产生了深远影响,很多传统行业已经或正在遭受冲击甚至颠覆。在可预见的未来,博物馆事业发展的最大趋势,也是当代信息技术对博物馆的革命性或颠覆性改变。在博物馆之外的广阔领域,人们已经开始习惯和认同智慧化带来的便利与改变,在这样的时代背景下,博物馆不可能成为智慧的"荒漠地带",博物馆是为公众提供收藏、保护和展示人类活动及自然环境的见证物,但自身却不是食古不化的"老古董"。博物馆数字化、智慧化的建设,是博物馆自身在世界智慧化浪潮中与时俱进的主动选择,更是博物馆提升自身管理能力和服务质量的难得契机。2020年开始受新冠疫情肆虐影响,全球博物馆行业发展遭受严重挫折,我国博物馆界在此期间虽也受到冲击,但由于党和政府采取的举措及时得当,发展情况相对好很多,还充分利用云上博物馆、自媒体直播等方式为观众提供线上服务。当然,我国博物馆能够展现全球独树一帜的繁荣景象,与2014年3月国家开展广东省博物馆、山西博物院、金沙遗址博物馆、苏州博物馆等7家首批智慧博物馆建设试点以来的积累和中国国家博物馆、故宫博物院、敦煌研究院等几十家博物馆的智慧博物馆建设实践探索是分不开的,也离不开全国博物馆免费开放以来的机制发展。这里需要特别注意的是,我国博物馆智慧化还有很长的一段路要走,智慧博物馆建设从来不是一劳永逸的简单工作,科技发展的速度和各领域的成就远超过我们的想象,在注重智慧博物馆可持续发展的同时,更需要把握好人文与技术的关系,平衡好新技术和经济成本的关系,在继续发展博物馆数字化的基础上,逐步推进智慧博物馆的建设和推广。另外,我国博物馆智慧化程度总体上仍然处于起步阶段,特别是很多中小型博物馆,还处在信息化或数字化的局部建设,根本没有能力去开展智慧博物馆的体系化建设,还有很多博物馆面临建设资金、思想认知、技术实现、人才梯队等问题,这些都给博物馆事业的发展带来了极大的挑战,面对这一系列挑战,迫切需要各个层面对智慧博物馆建设投入更多的实质支持和实践探索。

二、指导意见对智慧博物馆建设的内涵意义

实际上,指导意见的发布并不是无的放矢,而是"十四五"规划两次提到"博物馆数字化"基础上在博物馆行业的延伸和具体细化,尤其是相关对智慧博物馆建设重视的指导内容,无疑对进一步推进智慧博物馆建设具有重要意义,在当下,博物馆正从着眼于"对象"的数字化向着眼于"关系"的智慧化发展的信息技术革命背景下,指导意见的发布可谓适逢其时,必将从多个层面进一步推动我国智慧博物馆的发展。

从内容上来看,指导意见对智慧博物馆建设及相关工作表述较关键,全文共有两处使用了"大力发展"的表述形式,一处为"大力发展智慧博物馆,逐步实现智慧服务、智慧保护、智慧管理",另一处则为"大力发展博物馆云展览、云教育"。而博物馆云展览、云教育本身又与智慧博物馆建设存在千丝万缕的密切联系,可视为博物馆智慧传播、智慧服务的具体实施方案之一。此外,指导意见还在第九条"提升保护能力"中,从智慧保护的角度提出"推进藏品档案信息化标准化建设,逐步推广藏品电子标识……提升藏品保存环境监测、微环境控制、分析检测等能力……加快推进藏品数字化,完善藏品数据库,加大基础信息开放力度"。第十三条"优化传播服务"中从智慧传播角度出发,提出"推进博物馆大数据体系建设,主动对接国家文化大数据体系建设……深化博物馆与社区合作,推动博物馆虚拟展览进入城市公共空间……加强与融媒体、数字文化企业合作,创新数字文化产品和服务,大力发展博物馆云展览、云教育,构建线上线下相融合的博物馆传播体系"。这些内容都是直接与发展智慧博物馆业务息息相关的表述,多处反映出对智慧博物馆建设的重视,对于智慧博物馆的进一步发展和建设无疑具有纲要性的指导意义和重要推进作用。

首先,从博物馆内部来看,随着指导意见的出台,博物馆体制机制改革必将为博物馆注入新的活力,使智慧博物馆建设迈上新的台阶。[1]在当代,科技给文博领域带来的巨大影响和改变是前所未有的,日新月异的技术革命正重塑着博物馆的形态,重塑着博物馆人与物、物与物、人与人的关系。智慧博物馆是传统博物馆与新技术的结合,但又绝不仅仅是博物馆与科学技术的结合,更是在管理模式、运营方式以及组织架构等方面的全面创新。"创新体制机制,释放发展活力"中提出的完善管理体制方面的"赋予博物馆更大的自主权"鼓励社会参与方面的"鼓励社会力量参与展览、教育和文创开发"等举措无疑将会为博物馆智慧化建设扫清障碍,而博物馆也可以借助此次深化改革的契机,为智慧博物馆建设重新搭建更适合的

---

[1] 段勇、梅海涛:《以智慧博物馆建设为抓手推动博物馆强国建设》[J],《中国博物馆》,2021年第4期,第89-93页。

博物馆管理机制。

其次,从博物馆外部来看,智慧博物馆发展的外部环境将会更加优化。智慧博物馆是时代发展的产物,包括智慧博物馆建设在内的博物馆发展,离不开社会的支持。智慧博物馆建设是博物馆主动拥抱时代前沿的选择,聚焦人工智能、大数据、物联网、5G/6G、AR/VR/XR、全息投影、数字孪生、元宇宙等众多领域。但是,这些新技术为博物馆带来的全新变化,不仅与博物馆传统工作模式大相径庭,也与传统博物馆学的内容有很大不同。因此,除改革内部环境以适应时代发展之外,博物馆智慧化建设也需要更多外部力量的支持,同时对相关专业人才培养提出了新的要求。在"优化发展环境,加强改革保障"方面的措施为博物馆引进社会力量,购买专业化服务提供了便利,同时提出了"加强国家文博领域高水平创新团队建设,培育跨领域、跨学科创新团队"等加强队伍建设的具体措施,为博物馆专业人才培养和智慧博物馆发展提供了契机,文博学科人才培养可以此为契机向专业化、特色化迈进,博物馆完全能够借助此次机会培养符合智慧博物馆建设要求的专业人才。

三、智慧博物馆是博物馆高质量发展的必然选择

随着我国博物馆事业的不断发展,博物馆高质量发展越来越受到重视。坚定文化自信、传承中华文明、推动中国特色社会主义文化繁荣发展需要高质量的博物馆,满足人民美好生活需要、建设社会主义文化强国更是离不开高质量的博物馆。指导意见中有近三分之一的指导内容都直接与提升博物馆发展质量有关,其内容涵盖了包括藏品征集、文物保护、陈列展览、社会教育等方面在内的各个博物馆运营环节,要实现这一目标,智慧博物馆建设无疑是必由之路。除了新技术与传统产业的结合是时代发展的必然趋势外,智慧博物馆建设提出的智慧保护、智慧管理、智慧服务三个领域的改革方案,也是对博物馆各领域发展质量的全方位、系统性、立体化提升。

从文保视角来看,智慧保护代表着新技术在文物保护领域的应用,通过智慧保护,不仅能够建立库房、展厅环境监测和调控系统对文物进行预防性保护,建立文物修复管理系统提升修复能力和文物藏品数字化保护,除了预防、延缓文物劣化,提升修复水平之外,还能从某种意义上实现文物的永生。事实上,预防性保护概念出现得比较早,已成为文物保护的共识性原则,智慧保护基于藏品存放环境监测、微环境控制、分析检测等技术,对藏品本体状态及影响因素进行实时、全面、系统的采集与分析,预测文物遭受风险程度,使博物馆预防性保护能力大大提升,可以说,对文物实施智慧保护,不仅是博物馆的发展趋势,更是文物保护的必然要求。

从管理视角来看,博物馆智慧管理主要分为内部管理和外部管理两个方面。外部管理主要围绕观众及其活动展开,通过对观众信息、行为等数据的采集、分析和利用,在优化博物馆运营方式的同时,为观众提供更加高质量的服务。内部管理涵盖的藏品资源管理、财产资源管理和人力资源管理等业务所涉及的技术和架构,与社会其他行业联系最为密切、发展最为成熟,在很多行业中已经得到了大规模验证与实践。我国很多行业智慧化建设程度已经很高,具备大量成熟经验,这无疑为智慧博物馆内部管理的建设提供了参考借鉴和技术支撑。

从服务视角来看,智慧服务主要包括展示、传播和教育等领域,这一系列领域与观众联系最为密切,也最能令观众直观感受智慧博物馆建设带来的博物馆服务质量提升,经过近十年的智慧博物馆建设,智慧服务理念已普遍运用于博物馆实践。智慧博物馆通过虚拟现实、数字展示、体感互动等技术,为展厅中的观众提供全方位、沉浸式的高质量体验,通过举办配套的"云展览"为非现场观众提供服务,打破博物馆服务时间和空间的限制,通过建立文物知识图谱与知识平台,打造可参与、可互动、可分享的高质量博物馆,使得文物真正"活起来"。总之,博物馆智慧服务通过加强人、物、信息之间的多向互动,让文博成果更好地融入公众生活,推动实现博物馆构建公共文化服务体系、服务人民美好生活的总体目标。未来,智慧博物馆在展览策划方式、展品阐释理念、博物馆形态等方面带来的全新变革,可能会颠覆博物馆的传统发展模式,开启博物馆的全新时代。[1]

总体来看,我国智慧博物馆的建设仍然处于初级阶段。现阶段智慧博物馆建设的最大贡献不在于建立了一个或数个智慧博物馆示范模板,而是彻底改变了传统博物馆的发展形态,在科技快速发展的时代背景下,博物馆事业的发展又面临着极大变革,但是,无论未来博物馆如何变化,其保护和传承人类社会多元文化的宗旨和使命不会改变。指导意见也基于此不断的变化,注重采用更合理、更科学、更适时的方法论和创新举措来回应时代命题:首先,是坚持正确方向。坚持党对博物馆事业的全面领导,牢牢把握意识形态工作主导权,以社会主义核心价值观为引领,突出公益属性和社会效益,更好地构筑中国精

---

[1] 段勇、梅海涛:《以智慧博物馆建设为抓手推动博物馆强国建设》[J],《中国博物馆》,2021年第4期,第89-93页。

神、中国价值、中国力量。如将博物馆事业主动融入国家经济社会发展大局、坚定文化自信、传承中华文明等。其次,是坚持改革创新。坚持问题导向、目标导向,上下联动、横向联合,鼓励先行先试,破除体制机制束缚,释放发展活力。如探索建立行业博物馆联合认证、共建共管机制、创新博物馆发展多元化投入机制等。再次,是坚持统筹协调。统筹不同地域、层级、属性、类型博物馆发展,提高博物馆内部管理和外部治理水平。提高博物馆公共服务均等化、便捷化、多样化、个性化水平,实现博物馆高品质、差异化发展。如实施中国特色世界一流博物馆创建计划,重点培育10—15家代表中国特色、中国风格、中国气派,引领行业发展的世界一流博物馆。最后,是坚持开放共享。营造开放包容的发展环境,通过区域协同创新、社会参与、跨界合作、互联网传播等方式,促进资源要素有序流动,优化资源配置,多措并举盘活博物馆藏品资源。如实施"博物馆+"战略,促进博物馆与教育、科技、旅游、商业、传媒、设计等跨界融合。智慧博物馆建设,不仅顺应了时代发展的需要,更为博物馆事业注入了新的活力,博物馆人不仅要通过智慧博物馆建设将从先辈们手中继承的文化遗产更好地交给子孙后代,也需要通过智慧博物馆建设,将充满生机与活力的博物馆永续传承和推广传播。通过加强分类指导,优化体系布局、夯实发展基础,提升服务效能、创新体制机制,释放发展活力、优化发展环境,加强改革保障等改革措施的贯彻落实,以深化改革来持续推进我国博物馆事业的高质量发展,进而推动我国智慧博物馆的高质量发展和纵深建设。

第四章 智慧博物馆的建设思路模型

我国智慧博物馆是在传统实体博物馆和数字化科技的基础上创新发展出来的博物馆的新的形式，主要经历了四个阶段，第一阶段是信息化阶段，其主要特征是传统IT系统建设、办公自动化和无纸化办公等，旨在提高博物馆工作效率和观众服务质量水平等；第二阶段是数字化，其主要特征是资源数字化，旨在永续保存现有文化资源；第三阶段是智能化，其主要特征是技术显性化，数据通过采、存、算、管、用而产生智能，让系统替代人做重复性操作；第四阶段是智慧化，其主要特征是技术隐性化，人机交互界面更友好、更融合，系统比人更聪明，给出的决策建议更合理、更可靠。

当前，我国博物馆的数字化发展进程在不断加快，探索国内博物馆信息化管理已经取得成效，博物馆数字化应用场景已形成在地（物理空间）、在线（网络空间）、在场（虚实融合空间）三重维度的数字化创新环境，通过全息呈现、数字孪生、超高清、多传感器融合、AR、VR等新体验技术，连接虚拟/现实、在地/在线，营造一种在场式的数字文化体验，这是博物馆数字化的范式转变，也为迈向元宇宙提供一种文化坐标，从而为智慧博物馆建设奠定了较为坚实的技术基础。而博物馆数字化始于公众对观展方式和欣赏文物的新需求，最典型的案例就是让文物"活起来"，数字化的过程中要处理好"虚拟影像"和"真实展品"之间的关系,需要对许多不确定的效果进行预判,因此博物馆通过数字技术展示给观众的应是策展团队成熟的思考。此外,数字化进程还包括用系统提升博物馆的管理,利用互联网的支持提升公众服务,以及用文物的数字化录入来优化藏品保护。智慧博物馆正是在此基础上进行的"智慧升级",目前对于打造智慧博物馆,很多专家认为,智慧博物馆分为两方面,对外表现为"智慧服务",公众可在展陈空间内通过科技引导获得观展体验,而对博物馆本身则是硬件设施建设的"智慧型保护",以及由此带动的博物馆"智慧化管理"。

智慧博物馆是基于物联网、移动互联网,运用多种传感技术,经过博物馆云计算平台的整合、分析,形成的基于传感数据和智能过滤处理的新的博物馆资产管理和观众服务模式。具有更透彻的感知、更全面的互联和更深入的智能化的特点,实现了主体的人本性、资源的整合性和数据的再生产性,扩展了传统服务的方式,通过虚拟参观、互动导览等模式向公众提供更加丰富的参观体验,进行资源的优化重组和整合,最大限度发挥资源信息的价值效应等。其五大关键技术主要包括物联网、移动互联、云计算、人工智能和大数据,建立了不同于传统博物馆的物与物、人与人、人与物的信息协同交互体系,使信息和知识在博物馆的人、物和活动三者之间动态循环和流转。从而达到智慧服务、智慧保护和智慧管理的目的,这也是智慧博物馆的功能所在。

随着现代信息技术的不断发展,关于大力推进智慧博物馆的发展建设是重要趋势,关于未来的发展趋向,大致可以从智慧认知和智慧生态两方面进行讨论,不断地通过新技术、新思想和新理念拓宽博物馆的生存和发展空间,探索出更加多样的智慧博物馆实践。智慧博物馆的实践探索主要是运用信息时代的新技术手段,构建物、人、数据三者之间动态双向多元信息的传递模式,实现物与人、物与数据、人与数据三者之间信息的交互,营造以"人"为中心的信息传递模式,丰富博物馆的展览形式,提升展示、管理、服务等各方面的能力,为大众带来便利和全新的博物馆体验。

而智慧博物馆发展建设的内涵大体可以从技术视角、功能视角和生态视角来看。从技术视角来看,可以简单理解为智慧博物馆是数字博物馆、物联网、移动互联网、大数据、云计算和人工智能相加的结果。从功能视角来看,可以简单理解为具有透彻感知、泛在互联智慧融合为特征的智慧博物馆系统,其功能主要是提供智慧服务、智慧保护以及智慧管理。从生态视角来看,可以简单理解为实现信息和知识在博物馆的人、物和活动三者之间动态循环和流转的智慧博物馆体系。其特征在更透彻地感知方面强调对信息的实时采集、自动采集和按需采集,在更全面的互联方面体现在联通方式和联通对象都具有多样性和广泛性,在更深入的智能化方面基于大数据分析、人工智能、云计算的智能化应用,达到"智慧"。

但是目前国内智慧博物馆实际建设还存在很多不足,如对智慧博物馆的认识和理解不够全面、认知少,观念不能及时更新,在设计和建设上没有充分考虑到观众的最大需求以及博物馆自身的特色,出现"模式化"倾向,并且在数字化运营的管理上也存在缺失,忽略基础数字典藏而只在意新鲜虚拟展示的不在少数;在建设的共性技术及标准上的研究和制定滞后、不统一,导致在实际开展时在技术的应用上存在一些问题,已建立的系统各成体系、互不相容,给将来资源共享和整合传播带来困难,需要推动制定相关的标准规范,使智慧博物馆的建设更趋规范化和系统化;在运行、维护和管理方面不到位,存在"重建设而轻维护"的现象,建设之后关于内容的更新不及时,后续的维护和管理没有接上,没有形成一个较固定的、连续的运行模式,导致可能出现资源浪费以及运营效果的不理想等问题;经费和专业人员方面不充足,由于信息的建设运营和维护需要大量的资金支持,资金方面的缺乏无法保障项目建设的高质量和可持续发展,对于中小型博物馆来说尤是如此。此外,智慧化建设需要高端科技人才的参与,但博物馆目前普遍存在技术人才较为缺乏的现象,应大力引进相关技术人才进行数据的运营和维护。

传统的线下实体博物馆,在展陈方面受各方面的限制,比如安全、保护需求、场地、展陈能力,以及出于对文物保护的考虑,所能提供展示的藏品和信息量受限,很多的文物不能对外展出,也就无法发挥出文物应有的价值,约束了博物馆的文化传播职能和社会教育能力。文物对很多人来说还是显得很枯燥,了解文物背后的故事和意义也有难度,很难激发观众尤其是青少年的兴趣。随着时间的推移,文物资源实体也会出现保存的各种问题,有的甚至会逐渐消亡,博物馆内部管理方面的各个系统也容易形成信息孤岛,无法从全局便捷统筹,直接影响对外服务的效果。基于此类问题,国内很多博物馆和文博方面的科技企业近年来开始不断实践探索智慧博物馆的建设,也提出了很多有益的不同见解和思路。有的从狭义上围绕博物馆的核心展陈业务、资源管理、行政管理和运维保障打造的智能化系统,有的从广义上围绕博物馆或者博物馆相关行业,包括在文物、遗迹、智慧城市等不同范围内,打造的一个围绕博物馆的整体的智能生态系统链。

如河南某科技企业在推进博物馆数字化的同时构建智慧博物馆,主要围绕数字化管理、数字化服务和数字化保护三个方面进行智慧文博建设,打造"管理+保护+服务"的物联网体系建成文博领域全事务智慧化平台,具体如下:

打造"管理+保护+服务"的物联网体系
建成"文博领域全事务智慧化"平台

图4-1 智慧博物馆智慧化平台

围绕对数字化保护、管理和服务三个方面,针对馆内业务活动(藏品收藏、保管、研究、教育活动)、事务活动(机构、人员、经费、设施管理活动)实际需要,建立各类博物馆信息管理和服务系统,为博物馆工作人员和社会公众提供服务。如智慧文博藏品数字化综合管理系统、智慧文博智能库房管理系统、智慧文博数字化资源管理系统、智慧文博线上展览展示管理系统、智慧文博文物保护修复管理系统、智慧文博环境监测管理系统、智慧文博移动端APP、智慧文博行政办公管理系统等。

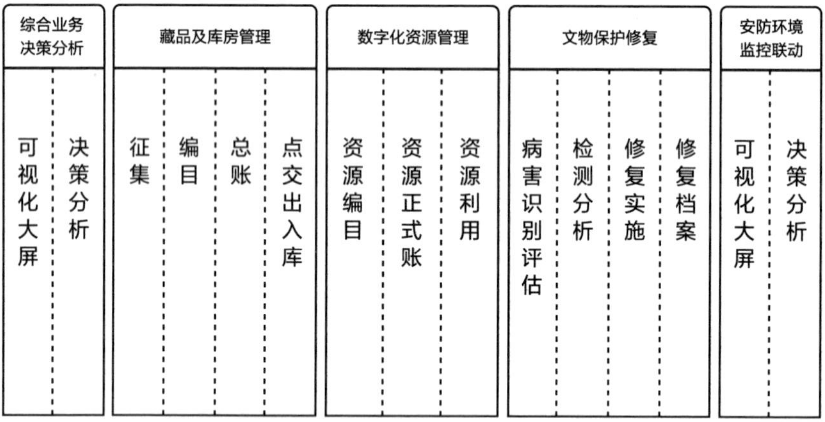

综合业务决策分析	藏品及库房管理	数字化资源管理	文物保护修复	安防环境监控联动
可视化大屏 | 决策分析	征集 | 编目 | 总账 | 点交出入库	资源编目 | 资源正式账 | 资源利用	病害识别评估 | 检测分析 | 修复实施 | 修复档案	可视化大屏 | 决策分析

图4-2 数字化业务管理

可视化决策支持系统：以可视化技术、物联网技术将多模态感知的数据与各部门系统数据相结合，通过大数据分析以领导驾驶舱的形式结合博物馆重点关注点，建立更加全面、深入和广泛的互通互联，以数据仪表、动态汇总等形式直接表现其部门业务情况，为领导层决策提供支持依据。

藏品数字化综合管理系统：实现以藏品为中心的信息登记与业务审批，涵盖藏品登录、征集、总账、藏品提借利用、点交出入库审批等业务的协同作业、动态管理，实现藏品数字化管理、单据规范化审批，实现藏品信息全面管理和利用，使得藏品管理业务流程更加规范，藏品管理利用更加高效安全。系统具有很强的拓展性，可与博物馆现有系统进行对接，还可以结合RFID电子标签、电子标签扫描设备、环境监测设备的运用实现对藏品库房和藏品存放环境的监控与统一管理。

每一个文物，都具有自己的数字化档案，大量的文物档案将组成大数据的核心。

图4-3 藏品数字化综合管理示意图

其中藏品征集实现征集线索录入、藏品基本信息录入、藏品鉴定评估信息录入、鉴定信息审核、确认征集后藏品进入拨库环节，拨库后进行藏品编目，藏品正式账管理经审核的总账和分类账，支持按国家要求的账本格式输出打印，设置动态条件快速定位藏品基本信息、扩展信息、数字资源等，实现藏品账目的数字化管理。

智能库房管理系统：以库房为对象的综合管理系统，配合电子标签实现库房空间管理和藏品的快速定位，包括对库房的"库——房间——柜架——储格"的空间管理，人员物品管理，出入库管理的便捷化，达到以数字化手段保障库房管理制度规范化执行的目的。

数字化资源管理系统：对藏品的基本信息运用扫描、拍照、摄像等

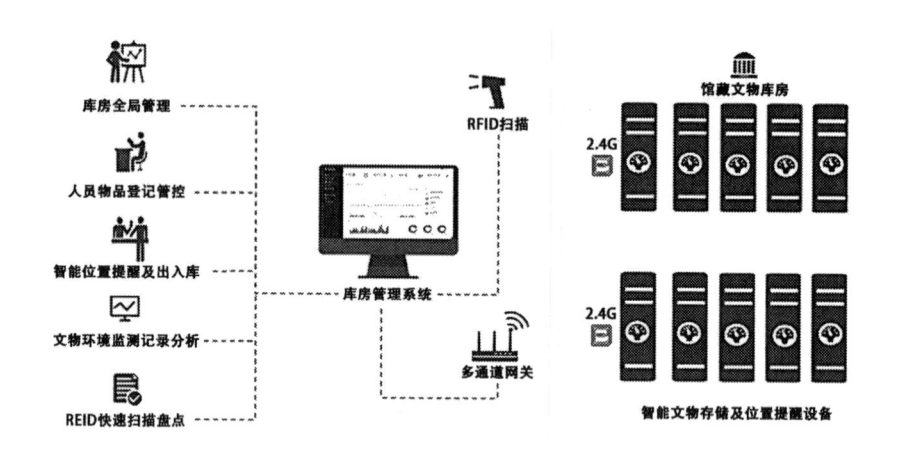

图 4-4　智能库房管理应用场景

技术手段,存储文物的文字简介、图片、音频详解、视频、三维模型及相关资料。为藏品综合管理和展览展示提供资源调用和支撑,使每一件藏品都具有自己的数字化档案,通过维护、版权声明、发布、预览等操作,实现对文物数字资源的安全利用。

图 4-5　数字化资源管理应用场景

其中文物采集方面使用3D激光扫描仪,利用激光测距的原理,通过记录被测物体表面大量密集点的三维坐标、反射率和纹理等信息,可快速复建出被测目标的三维模型及线、面、体等各种图像数据。数字化资源在手机端呈现方面利用新媒体传播平台,结合文字、图片、3D、语音、视频、定位技术等,可对文物修复,考古、管理等有直观的信息查询、编辑等进行数据资源的整合,平台化协同管理日常事务。3D全景方面利用最新的三维建模技术或3D自动成像系统对文物进行数字存档,不仅可以对珍贵文物进行永久保存,还为文物专家和广大文物爱好者共同研究、交流提供了可能。

文物保护修复管理系统:利用计算机网络技术和物联网设备对文物保护修复过程中的文物点交登记、检测分析、保护实施等环节进行自动化记录和数字化存储,实现修复档案定制、检测报告自动输出、教学演示等功能,并利用软件平台对项目全过程进行流程化管理。

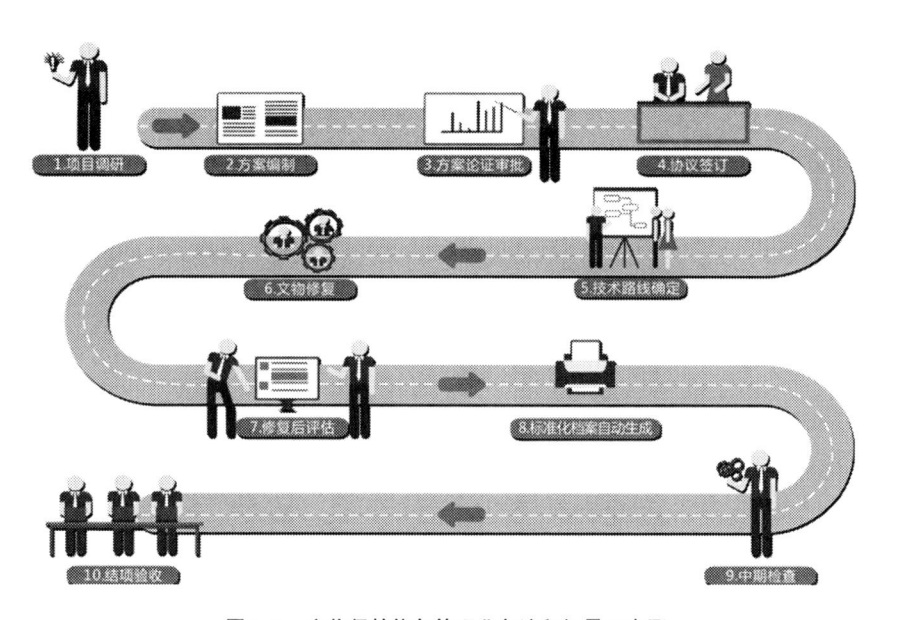

图4-6 文物保护修复管理业务流程场景示意图

其中,项目管理方面,从项目立项开始,将项目审批环节、文物运输环节、修复实施环节、结项验收环节逐一进行信息的登记与资料的上传,实现项目的动态化协同管理,提高工作效率。规范化档案方面,将文物修复流程严格按照国家规范自动形成规范化的档案,并实现一键打印效果,便于存储、检索和管理,能够提高管理者的效率。

环境监测管理系统:依据文物库房和展柜中存放环境的行业标准及要求,利用无线传感器设备实时感知和调控,保障文物存放微环境的洁净和稳定,实现存放环境数据的实时监测和调控设备自动运行。

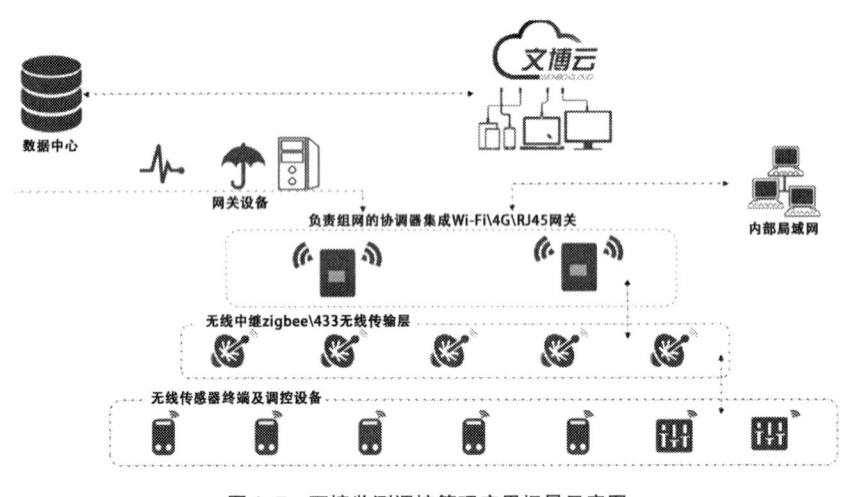

图4-7 环境监测调控管理应用场景示意图

通过系统环境监测、环境调控、统计报表分析、风险评估和预警提醒等功能,采用物联网技术,以无线方式将藏品库房、展厅和修复室的温湿度、光照、紫外线、CO_2、甲醛等环境数据上传至服务器,业务人员可在电脑、手机等各种终端上实时查看环境数据。

图 4-8　环境监测调控管理核心功能示意图

在数字化资源采集及利用方面,主要通过藏品三维扫描、遗址三维扫描、VR场景搭建、全景漫游拍摄等方式的数字化采集,门户网站、虚拟漫游、三维可视化、视频直播等方式的线上云展览,VR沉浸互动、触摸大屏互动、全息投影互动、沉浸式环幕投影等方式的数字展馆来建设智慧博物馆。突破了展示藏品的时间和空间的局限性,丰富了展陈内容,扩展了文物资源展现方式。一方面是在实体博物馆中借助AR现实增强、VR虚拟现实、3D全息投影等技术的应用,搭建数字展厅,实现数字化藏品的现场展示;另一方面基于互联网,搭建网上云游博物馆,实现数字化藏品的线上展示,智慧博物馆运用AR、VR、3D、AI等技术,使文物形象灵活、立体、可动,也可实现人境互动,极大地提升了接受度和趣味性。

其中藏品三维扫描通过高精度激光或蓝光采集设备对文物进行扫描,使得文物以数字化形式永久保存下来,以真实立体的三维形式呈现在公众面前,同时实现科研人员反复利用的便捷性。遗址三维建模是对遗址古建类文物进行三维数据采集加工,生成高精度3D模型,进而获取数字化档案,可为后期保护研究提供数据支撑。VR场景搭建是利用软件搭建的虚拟建筑模型,可以实现古建筑遗址从结构到外貌

```
┌─────────────────┐  ┌─────────────┐  ┌──────────────────────┐
│   数字化采集     │  │  线上云展览  │  │     数字展馆建设      │
├─────────────────┤  ├─────────────┤  ├──────────────────────┤
│ 藏 遗 V 全      │  │ 门 虚 三 视 │  │ V 触 全 沉           │
│ 品 址 R 景      │  │ 户 拟 维 频 │  │ R 摸 息 浸           │
│ 三 三 场 漫     │  │ 网 漫 可 直 │  │ 沉 大 投 式           │
│ 维 维 景 游     │  │ 站 游 视 播 │  │ 浸 屏 影 环           │
│ 扫 建 搭 拍     │  │    化       │  │ 式 互 互 幕           │
│ 描 模 建 摄     │  │             │  │ 互 动 动 投           │
│                 │  │             │  │ 动         影         │
└─────────────────┘  └─────────────┘  └──────────────────────┘
```

图4-9　数字化资源采集及利用

的完美复现,真实的场景还原,实现观众的沉浸式体验,帮助研究人员反复快捷开展研究工作。全景漫游拍摄是使用专业的拍摄设备,搭配无人机,通过软件处理得到三维立体空间的360°全景图像,可观看场景的各个方向,给人以三维立体的空间感觉,使观者犹如身在其中。三维可视化是借助互联网技术,通过手机、平板、电脑、大屏等显示终端界面实现文物数字资源的展示,文物三维模型可以随着观众的触控操作放大、缩小和旋转,让观众从各个角度能仔细观察文物。虚拟漫游是720°全景漫游,可实现博物馆的网上观展,通过对展厅、临展信息的采集,观众可获得随时随地、身临其境的观展体验。门户网站根据博物馆特色定制实现,通过后台一体化管理平台快速更新发布内容,为博物馆提供便捷化网站管理平台。视频直播是借助当下最火热的手机直播将博物馆历史文化知识带给更多观众。VR沉浸式体验是VR场景与模型根据真实的环境与文物结构进行构建,做到真实场景的复原。触摸大屏互动是凭借展示大屏幕的触控交互功能,博物馆游客可以在大屏上实现丰富多彩的互动操作。全息投影展示是不需要佩戴3D眼镜也可以实现立体的观看效果。沉浸式环幕投影是在相对较封闭的空间中进行播放，720°的环形视角和宏大的音响效果可以为观众提供十分震撼的沉浸观影视觉和听觉体验。

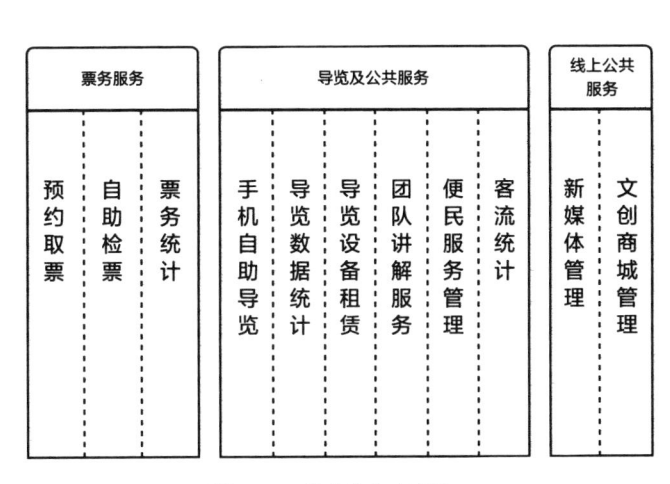

图4-10　数字化公众服务

线上展示展览管理系统则是在网站门户后台管理的编辑功能发布的基础上，实现数字内容的跨平台多通道发布及一体化管理，将数字内容方便地发布于Web端和移动端，精细化管理内容发布通道，动态配置每个信息通道的内容组织架构。

图4-11　线上展示展览管理应用场景示意图

其中审核发布管理可实现对接数字化资源查询、预选素材清单管理、资源审核管理、资源发布管理,后台管理可实现对馆内动态信息发布、在线征集线索管理、精品展示展览管理、下载中心配置管理等。票务管理包含线上预约、线下取票、自助检票等功能,可通过后台管理、统计分析实现博物馆内部票务工作的高效管理。智能导览通过智能蓝牙传感器,为观众提供手机自助导览服务,实现自动语音讲解、电子地图场景还原、自助查找公共设施、参与文物签到、打卡等活动,提升用户的游览体验,同时将观众的精准行为数据进行采集与分析,为后期展品决策提供数据支持。新媒体管理是对博物馆公共媒体账号的专业化运营管理,定制专属发布信息,为博物馆打开通道,快速提升博物馆形象,实现内容一键跨平台发布,用户数据统一采集和个性服务智能推送等。文创商城是从文创产品设计到商城建设,为博物馆打造特色文创商品,及时获取文创产品的销售和库存数据,为大数据平台提供强有力的数据支撑,为博物馆文创产品提供合理的运营和销售策略。移动端APP实现内部管理和公众展示方面的功能,如内部管理中的审批是对业务系统中的藏品编目审核、资源审核等的申请审批管理,通知中实现对系统中待办事项、消息提醒、预警通知、文博动态等的推送查看,流程中实现对系统中本人参与的流程查询和监控。公众展示中实现预展信息、活动内容等的查看与关注,移动端资源的鉴赏与评论分享,本人预约和活动留言等反馈的查看与处理。

深圳某头部科技企业提出智慧博物馆的建设是将云计算、大数据、物联网、移动互联网、人工智能等最新技术与博物馆业务场景深度融合,打造博物馆神经系统,以数据驾驶舱和大数据中心构成的博物馆大脑作为中枢神经,以馆区物联网和馆区通信网作为周围神经,通过无处不在的感知与连接的神经系统,实现触手可及的智慧,这也为智慧博物馆的建设提供了新的思路方向借鉴。

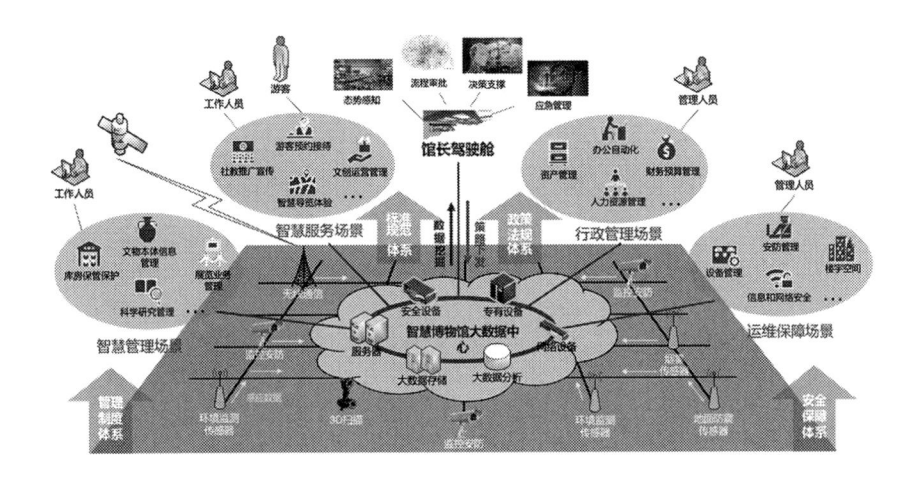

图4-12 智慧博物馆业务全景图

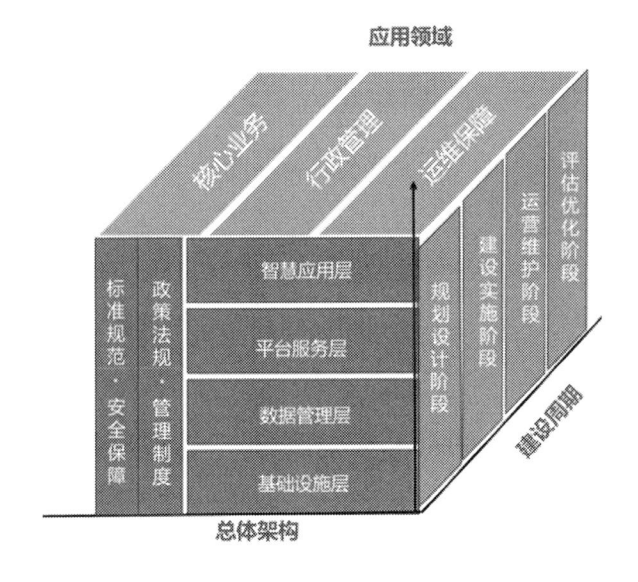

图4-13 智慧博物馆建设思路

该企业设计的智慧博物馆建设思路采用"四横两纵"的总体架构,通过数据的采、存、算、管、用,形成智能,支撑"智慧博物馆"建设。

第一层为基础设施层,包括采集终端(手持终端、传感器、摄像头、RFID等)、传输网络(馆区信息网、物联网等)、云(机房、计算、存储、网络等资源)等基础设施。

第二层为数据管理层,利用大数据、物联网、视频云、GIS、BIM等技术实现数据的采、存、算、管、用,为上层业务提供数据服务。

第三层为平台服务层,利用服务目录、容器编排、微服务等技术实现新业务快速上线,业务弹性伸缩。

第四层为智慧应用层,基于博物馆核心业务、行政管理、运维保障三大工作板块,构建融合化和智能化的业务应用体系。

建设思路中的建设周期规定了智慧博物馆建设中所应包含的规划设计阶段、建设实施阶段、运营维护阶段和评估与改进阶段。应用领域则规定了智慧博物馆所应涉及的博物馆应用范围,包括涵盖核心业务、行政管理和运维保障三大类型的应用。以"5G+Wi-Fi6"打造现代化、最佳体验的智能博物馆,通过宏站层实现室外连续覆盖和室内浅层覆盖,宏站无法有效覆盖的室外道路、空地、走廊等离散场景的盲区用杆站实现中间层的深度覆盖,室内层利用Wi-Fi第六代技术的大带宽、高容量、低延时满足博物馆建筑内部的覆盖需要,通过5G和云网协同,AR移动端的计算能力和资源能够在云端得到支撑,支撑超级AR智能导引的应用场景。利用物联网平台实现以藏品为核心的展览服务和文物保管,打造博物馆楼宇管理和综合办公智能化体验,数据驾驶舱则是重点实现博物馆数据融合化、服务精准化、管理高效化、设施智能化和安防协同化。

经过近年来各高校、科研院所和科技企业对智慧博物馆建设的各类实践探索,国内专家学者和文博相关管理机构也对智慧博物馆建设有了更清晰的认识和指导意见,即"大力发展智慧博物馆,以业务需求为核心,以现代科学技术为支撑,逐步实现智慧服务、智慧保护、智慧管理",具体可以细化为智慧库房、智慧文保、智慧展示、智慧导览、智慧传播、智慧楼宇、智慧管理、智慧社教、智慧办公、智慧大脑等。博物馆是以展品为核心的功能建筑,展品是一座博物馆的灵魂,是人们回望过去、思考现在和展望未来的核心物质载体。展品的展陈、保护储藏、修复研究及其他社会服务是博物馆的三大核心,国内一些头部专家学者目前普遍认为智慧博物馆的设计重点应该是围绕智慧服务、智慧管理和智慧保护这三大功能设置,这也与中共中央宣传部、国家发展和改革委员会、文化和旅游部、国家文物局等九部委发布的《关于推进博物馆改革发展的指导意见》方向保持了同频共振,基于此方向,智慧博物馆的设计应以用户为中心,关联人、物、数据三大要素,集成物联网、互联网、大数据和云计算四大技术,突出感知度、交互性、体系化和决策力,推进服务、管理和保护三大业务智慧运转是智慧博物馆的核心理念,博物馆智慧应用系统设计应满足可扩展性、可兼容性、安全性、可靠性、可管理性原则。运用数字化思维、方法和技术,推动博物馆信息资源多元化采集、主题化汇聚、知识化分析、可视化呈现、个性化服务和活态化利用,实现研究、收藏、保护、展示、教育、公众开放等全业务域的系统性重塑、整体性变革;通过构建具备透彻感知、全面互联、智能融合及可持续创新四大能力特征的智慧博物馆新业态、新模式,助力新时代文博事业高质量发展。

智慧保护:智慧保护能够实现完整的"监测——评估——预警——调控"的保护性流程。对博物馆的微环境、文物的保护环境进行监测。比如说敦煌研究院通过实时监测洞窟环境,获取观众访问流量,一旦某洞窟监控数值接近临界点,便暂停开放该洞窟。

智慧管理:智慧管理主要包括两部分,即内部管理和外部管理。内部管理包括三个部分,首先是对藏品进行智慧管理,包括藏品本体实时定位识别、藏品出入库、藏品本身保护状况的日常智慧巡检等;其次是资产智慧管理,主要有馆内文件档案、固定资产、仪器设备、藏品信息资源等的管理;最后是人员的智慧管理,例如,通过工作人员的有序管理协调好人、物和博物馆之间的关系。外部管理主要是关于观众行为的智慧管理,分析观众参与访问博物馆的行为,加强对博物馆以外的利益相关者的联系,从而实现博物馆自身能力水平的提升。比如说通过识别技术可搜集观众的信息和行为,例如年龄段、客源地、在哪个展厅停留的时间最长、对哪一件文物观察得最仔细等等。

智慧服务:针对公众服务需求,通过多维的展现互动形式,实现公众与博物馆信息交互的高度完美融合,从而为公众提供无处不在的服务。主要包括展示体验、互动导览、分享传播、纪念回忆、教育研究等方式。例如展示体验主要是针对现场观众,基于传感、虚拟现实、增强现实等技术方式,丰富陈列形式,给观众以沉浸式体验等,打破时空界限,拓宽博物馆的公众服务广度、深度与时限;互动导览是利用移动终端,观众可通过手持设备等获得更具深度的历史信息;除此之外,教育与研究服务也是目前关注较多的,通过数据资源的整合和分析,挖掘博物馆及藏品蕴藏的信息,把博物馆平台打造成学生的第二课堂和终身教育的场所,更好地发挥博物馆的社会效益。

博物馆建筑是为满足博物馆收藏、保护并向公众展示人类活动和自然环境的见证物,开展教育、研究和欣赏活动以及社会服务等功能需要而修建的公共建筑。智能建筑根据我国正式颁布的《智能建筑设计标准》(GB 50314-2015)的定义,是以建筑物为平台,基于对各类智能化信息的综合应用,集架构、系统、应用、管理及优化组合于一体,具有感知、传输、记忆、推理、判断和决策的综合智慧能力,形成以人、建筑、环境互为协调的整合体,为人们提供安全、高效、便利及可持续发展功能环境的建筑。随着物联网、移动互联网等新一代信息技术的发展,智能建筑建设已经进入信息化体系发展时期,智能化系统工程正在形成网络化、数字化、集成化的发展态势。

智能建筑作为博物馆建筑现代化建设不可或缺的部分,应在博物馆建设设计时就被规划进去,提出科学合理的建设方案。它通过信息技术、自动控制技术、网络技术把整个建筑变成一个相互联系的整体,使博物馆的业务得以实现全方位信息化,打通通信、传输、处理等关键性通道,实现业务数据的数字化,大大改变传统工作模式,提升工作效率。

博物馆智能建筑突出了智能的特点,它与多种信息化技术相结合,能够满足博物馆运营与管理中对网络通信的需求,也能够将各类信息系统进行整合,形成建筑物公共基础信息设施系统,实现对建筑物内的机电设备、安防消防安全设备、能耗监测、信息化设备等的全面管理。博物馆智能建筑将各类传感器的数据汇集起来,提高应急反应速度、决策能力,能够快速高效应对各类突发公共安全事件,或者及时发现设备设施的故障甚至自行排除,使建筑维持在一个健康状态。常见的博物馆建筑智能化系统包含智能化集成系统、综合布线系统、信息网络系统、公共广播系统、会议系统、信息导引及发布系统、建筑设备监控系统、机房工程等,由此可见,传统建筑智能化系统和智慧博物馆系统设置有重叠交叉,也各有不同。

结合《智能建筑设计标准》构架体系,智慧博物馆采用"五横两纵"的总体架构,"五横"指基础设施层、通信层、支撑层、应用层、用户展现层,"两纵"指行业标准规范体系和安全管理及运维体系。[①]

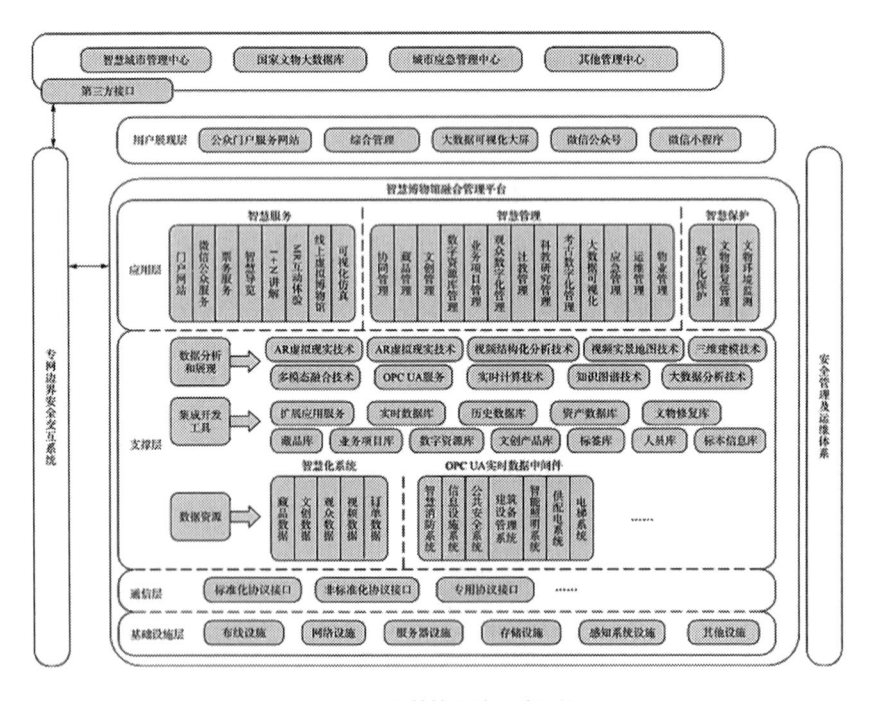

图4-14 智慧博物馆系统架构

① 李慧:《博物馆智慧应用系统思考》[J],《建筑电气》,2021年第3期,第28-33页。

由上图可见,智慧博物馆系统架构中第一层为基础设施层,包括布线设施、网络设施、服务器设施、存储设施、感知系统设施等基础设施;第二层为通信层,包括标准化、非标准化、专用协议的数据库接口,用于与基础设施或集成系统的数据通信;第三层为应用支撑层,包括数据资源、集成开发工具、数据分析和展现模块,以支撑第四层的应用服务;第四层则是应用层,包括智慧服务、智慧管理和智慧保护等应用系统;第五层为用户展现层,为管理部门和公众提供综合管理平台、门户网站、大数据可视化大屏、微信公众号和微信小程序等服务窗口。

智慧服务应用:智慧服务重点是围绕文物的陈列和人与物互动,运用新技术,实现全方位的展品活化与展示创新,为观众创造方便快捷、身心愉悦的参观体验,以下为智慧服务的部分典型应用。

门户网站。门户网站是博物馆对外服务的窗口,用户可快速了解详细的活动资讯和专业学术成果,同时为公众提供在线预约购票、活动报名、文创产品呈现等功能。

微信公众服务。利用微信公众号及小程序,打造一个集展示、导览、学习、互动于一体的微信公众服务。主要功能包括博物馆介绍、参观须知、馆藏精粹、文创展示、藏品扫码讲解、志愿者服务、留言簿等内容,同时还能为智慧导览系统、虚拟博物馆、预约购票等提供微信端入口。

票务服务。针对博物馆门票、收费展览、活动和讲座等相关票务的设置、预约、支付、打印、校验、查询和统计的应用系统。主要功能包括票务管理、阈值设置、在线预约、自助取票、人工取票台、检票管理、流量监控、统计分析、检票闸机、自助票务终端、手持检票机及门票打印机等。

智慧导览。以移动互联网技术为核心,通过网络,以微博、微信等社会化媒体整合博物馆的展览信息资源,发布、预告、互动展览信息,为参观游览的观众提供相关图像、语音、文字等导览服务。功能包括位置定位、路线导航、位置共享、智能检索、周边推送、藏品展示、语音讲解、点赞评论及服务设施等。

1+N讲解。该系统支持现场人工讲解,支持多人或多团队讲解时的分组讲解,多团队分组可调频互相不干扰。

线上虚拟博物馆。运用360°全景实景技术、三维建模仿真技术、视频等技术创建虚拟博物馆,将文物藏品制作成虚拟藏品,再将虚拟博物馆和虚拟藏品上传到门户网站、触摸屏导览机、智能手机等终端设备,为观众提供服务。主要功能包括场景导航、地图导航、博物馆或展厅介绍、场景热点浏览、虚拟漫游、重点展品展示、藏品导览及后台管理等。

可视化仿真平台。平台提供完全封闭的沉浸式体验,利用封闭的空间,用投影机投射出虚拟现实的环境画面,让用户有身临其境的感觉。可根据不同主题、不同场景,让体验者穿越时空,参与到历史现场,或者感受到大自然不同的场景等。

MR互动体验。MR互动体验主要基于AR、VR和MR技术,提升博物馆内容多样化服务。支持AR导航定位、AR导览讲解、AR寻宝式互动、AR互动拍照、VR虚拟漫游、虚拟语音互动、AR弹幕虚拟点评、AR沙盘、AR文物重现、AR场景还原及全息投影等。

智慧管理应用:围绕博物馆业务的智慧管理主要通过转变传统协

作管理模式,实现多源异构系统的集约管理和互联互通,推动海量分散资源的高度聚合与便捷共享,强化部门联动、提高管理效能,以下是智慧管理的部分典型应用。

协同管理。功能包括检索中心、消息中心、办公中心、业务中心、个人中心、信息中心、系统管理、移动门户及应用支撑等。

藏品管理。功能包括征集管理、拨库管理、编目管理、藏品账、鉴定定级管理、藏品研究管理、库房管理、藏品搜索、指标管理、藏品统计及RFID标签等。

文创管理。功能包括文创IP管理、知识产权管理、供应商管理、文创销售管理及市场分析等。

数字资源库管理。围绕博物馆数字资源的整个生命周期,在功能上涵盖信息录入、资源编目、资源审核、资源利用、资源检索、知识产权管理及资源统计等方面。

业务项目管理。功能包括项目管理、预算管理、我的任务、项目排期、项目档案库、收支科目及支出明细等。

观众数字化管理。功能包括观众档案管理、观众行为管理、观众流量监控、问卷调查、意见处理中心、意见管理及统计报表等。

社教管理。功能包括讲解管理、志愿者管理、活动管理及统计报表等。

科教研究管理。功能包括科研审核、辅助管理、项目流程化管理、量化核算及统计报表等。

考古数字化管理。功能包括方案管理、现场管理、信息采集管理、档案管理及成果管理等。

固定资产管理。资产管理系统实现对非经营性资产实物从登记、借用、清理到报废等方面进行全方位准确监管,包括资产登记管理、基本信息管理、资产领用管理、资产核销管理及资产统计报表等功能。

博物馆的应急管理、运维管理、物业管理也是智慧管理的必要系统,其功能与传统建筑无异,在此不再赘述。

智慧保护应用:智慧保护主要是针对文物的保护。包括数字化保护、文物修复管理、文物环境监测等,以下为智慧保护部分典型应用。

数字化保护。运用扫描、拍照、摄像设备,收集、存储文物和标本的文字简介、图片、音频详解、视频、三维模型及相关资料。

文物修复管理。功能包括任务管理、信息采集、方案管理、文物交接、修复记录、修复档案及修复统计等。

文物环境监测管理。功能包括环境监测、环境调控、预警提醒、风险评估及统计报表等。

总体来看,智慧博物馆是数字博物馆深入发展的必然产物,智慧博物馆是当今博物馆建设的发展方向,尽管多方在智慧博物馆如何建设的研究、实践和探索中不断积累经验,但在目前并无完整权威的规范和标准的情况下,博物馆智慧应用系统按智慧服务、智慧管理、智慧保护分类设置是比较合理的。不同类型博物馆对智慧应用系统的需求并不完全相同,往往不能一次建设到位。智慧博物馆设计应根据博物馆类型和业主的需求,充分考虑系统的开放性、可扩展性、先进性、成熟性和高可靠性等因素,结合智能化要素和实际展陈设计来确定合理的设计方案。智慧博物馆建设在基础层、数据层、平台层和应用层等框架结构下,基本的技术路线离不开透彻感知、泛在互联、智慧融合、自主学习、迭代提升,同时还需要持续研究深化统一的数据标准、技术标准、建设标准、运营标准、运维标准和评估标准来加快智慧博物馆的高质量建设和高质量发展。当前我国正处在一个科技快速更新迭代的历史性时代,智慧博物馆建设是信息时代下的必然趋势,符合群众的需求,也是当代博物馆人的责任和使命,高度符合国家的战略部署。如何通过智慧博物馆的建设让博物馆里的文物更加迅速地活起来,让文物所蕴藏的文化价值能够充分地展现和展示出来,首先,需要持续夯实智慧博物馆理论研究的基础,看清发展路径,尽快构建业内广泛认可的智慧博物馆研究体系。其次,需要加快智慧博物馆关键技术研究,做好科技支撑,强化前沿信息技术在博物馆场景中的应用。最后,需要优质融合技术与理论,形成智慧博物馆建设与管理思维。除此之外,还需要更多的文博专家和行业专家、高等院校、科技企业等通力协作和深入研究,发挥多学科交叉融合带来的新契机,剖析博物馆智慧化的时代价值,探寻让文物所蕴含的文化价值更充分传达出来的新路径,构筑博物馆运营管理新生态,引领智慧博物馆建设迈向全新发展之路,以科技遇见更美好的未来。

第五章　智慧博物馆的建设标准规范

　　智慧博物馆是在实体博物馆、博物馆信息化、数字博物馆和虚拟博物馆概念基础上发展起来的博物馆建设新形态。以往形态博物馆的诸多资源或环节处于割裂状态,如藏品和藏品、藏品和展品、研究者和策展者、受众和展品、藏品或展品和保护之间缺乏互通和联系,这导致数据和信息难以被共享和全面利用,同时因数据的价值挖掘程度有限,即使数据被局部使用也没有发挥其全部作用,这严重制约了博物馆教育大众、服务社会等职能的充分发挥。为解决博物馆业务发展中面临的实际问题,越来越多的博物馆开展博物馆建设,应用大数据、人工智能、虚拟现实等最新前沿信息技术,实现博物馆的智慧化。

　　智慧博物馆的建设和发展离不开智慧博物馆建设总体要求的参考和引导。针对博物馆核心业务需求,需要制定融合新一代信息技术,用于引导博物馆建设(改扩建)的标准,目前国内外智慧博物馆建设标准或总体要求尚处于探索阶段,急需智慧博物馆建设要求引导实践工作。2022年12月22日,河南省发布了地方标准《智慧博物馆建设规范》(DB41/T 2366-2022)并于2023年3月21日正式实施。2023年5月,陕西省启动陕西省地方标准《智慧博物馆建设规范》的编制,成立了编制小组,开始收集背景材料、编制参考和引用资料,进行归纳整理,搭建标准内容框架,已完成编制初稿。2023

年3月31日由中国国家博物馆牵头、中国电子工业标准化技术协会归口管理的《智慧博物馆建设总体要求》(T/CESA 1254—2023)和《智慧博物馆评价方法》(T/CESA-1255-2023)两项团体标准发布,并于2023年4月1日正式实施,这些规范标准编制的目的是让智慧化历史文化保护工作更加便捷有效,采用大数据、云计算和物联网等最新技术手段和方法对文物遗迹、考古遗址进行数字化采集,使用数字建模技术对文物遗迹、考古遗址等不同载体进行三维数字化处理,推进博物馆利用物联网、云计算、大数据等技术发展虚拟展示,以实现展品信息与观众信息共享互动,更好地满足公众需求。智慧博物馆能推动文物信息资源数字化工作,实现文物信息的全要素管理,提升文物展示与利用水平,实现文物的数字化管理与展示,实现文化遗产保护。智慧博物馆的相关建设规范标准的制定能促进广大人民群众树立社会主义文化自信,更好地实现新时代历史文化保护,促进博物馆事业和历史文化传承事业的发展,推进新时代社会主义文化强国的建设。

河南省2023年3月21日实施的《智慧博物馆建设规范》由河南省文化和旅游厅提出并归口,起草单位为河南省文物局、河南省非物质文化遗产保护和智慧化中心、河南省标准化和质量研究院、河南博物院等。该规范定义智慧博物馆为充分运用云计算、大数据、物联网、移动互联网、人工智能等信息技术,基于博物馆核心业务需求所搭建的智能生态系统。对基础设施、智慧管理、智慧服务、智慧展览、智慧社教、信息安全、运行保障和创新应用这8个方面进行了规范说明。

基础设施：对机房建设、网络支撑、视频监控、广播系统、云平台和大数据平台进行了规范说明。

智慧管理：对综合管理（含监测调度中心、客流管理、车辆管理、智慧安防）、藏品管理、知识产权管理、数据资源管理、协同办公进行了规范说明。

智慧服务：对在线信息服务、预约及票务服务、导览服务、咨询投诉进行了规范说明。

智慧展览：对数字展示、数字体验方面进行了规范说明，如运用文字、图片、音频、视频、三维全景、3D建模或数字孪生等形式，对相关展览和可移动文物进行数字化展示，适时推出数字藏品，逐步实现馆藏珍贵文物的数字化；建立数字化策展系统，逐步实现虚拟布展；设立线上展厅或专题，利用官方网站、公众号、小程序等向观众展示藏品数字化成果，开展云展览、云科普、云体验等新的活动形式；运用新创意、新技术、新装备、新工艺实现文物及藏品数字化，为观众构建沉浸式体验互动场景。

智慧社教：对网络宣传、数字社教、大数据应用进行了规范说明。

信息安全：要求对网络安全、数据安全、应用安全的可视化管理和智能化预警，博物馆信息系统安全符合《信息安全技术 网络安全等级保护基本要求》（GB/T22239-2019）中二级及以上保护要求，重要数据逐步实现异地实时备份。

运行保障：建立博物馆智慧化顶层设计，配备满足智慧博物馆建设、运营和维护所需的数字化、信息化等领域专业技术人员和管理人员等。

创新应用：利用云计算、物联网、区块链、3D建模、AR、VR、AI等信息技术，在博物馆的管理、保护、服务、展示、社教和传播等领域开展创新应用。

《智慧博物馆建设总体要求》(T/CESA 1254—2023)团队标准定义智慧博物馆是利用新一代信息技术，提供人、物、数字空间三者之间的双向多元信息交互通道，具有自主学习、迭代演进能力的博物馆新形态。该总体要求是基于中国国家博物馆在博物馆智慧化建设过程中的经验而编制，是一个纵横交错、层次不一、内部结构复杂的体系，有鲜明的导向和引导功能，既引导着技术创新的演进方向，也引导着智慧博物馆的发展方向。该团体标准设计出了智慧博物馆总体架构，对基础设施、云平台、大数据平台、智慧应用以及安全保障和运维保障等方面做了规定要求，适用于智慧博物馆的整体规划（包含改扩建）、设计、建设、运维等，解决智慧博物馆建设顶层设计标准缺失的问题，促进我国博物馆行业智慧化建设，引领文博行业健康发展。

智慧博物馆总体架构：给出了智慧博物馆总体架构图，由基础设施层、云平台、大数据平台和智慧应用层四个技术要素组成横向层面，由安全保障体系和运维保障体系两个方面的支撑体系组成纵向层面。

基础设施要求：给出了机房基础设施、网络基础设施、物联网网络、数据中心网络、库房基础设施、展厅基础设施、办公区域基础设施、安防系统基础设施、消防系统基础设施和其他基础设施等类别，并对每一类别提出要求。

云平台：对智慧博物馆云平台建设提出具体要求。

大数据平台：对智慧博物馆大数据平台建设的数据分类、数据质量提出要求。

数据融合：对数据采集、数据存储、数据处理、数据管理和数据使用提出了要求，同时对数据服务的通用要求、应用服务、开发服务、集成服务做了说明要求。

智慧应用：阐明了服务对象和应用服务需求说明，并对智慧办公、智慧文保（含预防性保护和数字化保护）、智慧库房（含预防性保护和日常管理）、智慧展示（含展示内容、展示形式、线上展示、线下展示）、智慧导览、智慧传播、智慧教育等做了说明要求。

安全保障：对智慧博物馆信息系统安全、物理设施、环境安全等平稳运行保障提出要求。

运维保障要求：对资产管理、设备管控、智慧安防、业务运维、智能运行中心提出要求，并从博物馆概览、参观客流、观众服务、馆藏文物、传播教育、文创成果、环境监测、基础设施和融合指挥9个维度细

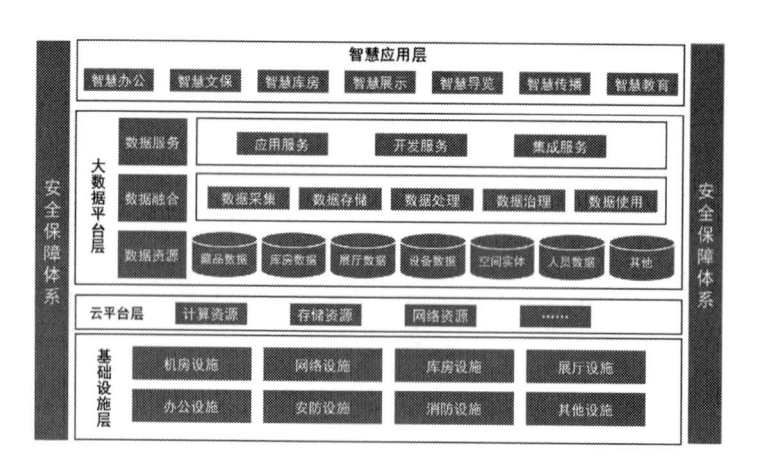

图5-1 智慧博物馆总体架构

化了智能运行中心运行监测指标,分必选项和可选项,其中可选项内容可根据博物馆实际情况进行自主采集、分析。

由上图可看到,智慧博物馆总体架构的横向层面由基础设施、云平台、大数据平台和智慧应用层四个技术要素组成,横向层次要素的上层对下层具有依赖关系。其中,基础设施主要包括机房、网络、库房、展厅、办公、安防、消防和其他基础设施;云平台为智慧博物馆提供数据存储和计算以及相关软件环境的资源,保障上层对于数据的相关需求;大数据平台通过数据融合支撑,承载智慧应用层中的相关应用,提供应用所需的数据资源,为构建上层各类应用服务提供支撑;智慧应用在基础设施、云平台、大数据平台的基础上建立的各种智慧博物馆应用和服务。智慧博物馆纵向层面包括安全保障和运维保障两个方面的支撑体系,纵向支撑体系对横向层次要素具有约束关系。其中,智慧博物馆安全保障体系包括智慧博物馆相关安全机制、安全平台,涉及各横向层次;智慧博物馆运维保障体系提供对博物馆设备、资产、楼宇、业务系统等全方位的运维管理,保障智慧博物馆的整体稳定运行。

表5-1 智慧博物馆建设内容要求参考标准

序号	要求	内容	参考标准
1	基础设施要求	机房	A. 机房建设按照 GB/T 2887-2011 进行建设。 B. 机房信息安全系统不低于 GB/T 22239-2019 规定的第二级网络安全等级保护要求。

续表

序号	要求	内容	参考标准
1	基础设施要求	网络	网络基础设施应支持层次网络结构，包括有线网络和无线网络： A.有线网络应支持业务流转与数据传输、共享要求，满足AR/VR、高清视频、移动办公等高带宽需求。 B.无线网络应满足AR/VR、高清视频等高带宽要求，支持Wi-Fi6技术，支持多种类型无线终端和多种协议类型终端接入。
		物联网网络	A.支持各种设备传感器的信息互联互通，支持设备详细信息的实时监测和控制。 B.基于骨干网络，通过虚拟网络划分等方式，实现物联网独立运行。 C.支持多种室内定位技术或混合定位技术。 D.支持主流的终端设备接入通信协议。 E.支持4G/5G、RFID等技术之一，区域无线连续覆盖并自动感应。
		数据中心网络	A.支持网络自动感知业务和网络资源的变化，自动按需下发网络配置，识别网络故障或潜在风险并修复。 B.支持网络虚拟化隔离、物理层数据加密、终端身份鉴别及准入认证、设备可信启动等安全可信技术。 C.支持双节点双归属的架构，支持M-LAG或堆叠技术，支持软硬SDN，支持存储网络全网IP化。支持管理、业务、存储平面完全隔离。 D.支持虚拟机迁移，支持网络动态调整，支持业务自动下发和网络自动配置，支持接入层通过万兆链路下联服务器。
		库房	应符合各馆对自身场馆中藏品保存、状态感知、智能管控等需求。
		展厅	应符合客流监测、公共广播、信息发布、导视指引、公共服务等方面的需求。
		办公区域	应符合门禁、会议等需求。
		安防系统	应符合GB/T 16571-2012进行建设。
		消防系统	应符合JGJ 66-2015进行建设。
		其他	应根据各博物馆实际服务、工作需求进行建设。
2	云平台要求	云平台	A.支持开放统一的云架构，整合、管理、调配云资源，为业务系统提供统一的云服务。 B.支持多云统一管理，云资源分级管理，统一租户认证，资源集中调度，配额分级管理。

续表

序号	要求	内容	参考标准
2	云平台要求	云平台	C.支持兼容主流云服务,通过云联邦实现租户跨多云使用云服务。 D.支持云与非云网络的互联互通,支持传统业务迁移上云。 E.支持兼容异构资源池。 F.支持业务系统不中断升级扩容。 G.支持远程维护,支持软硬件统一运维,支持CMDB与运维自动化能力。 H.支持租户级容灾服务,保证租户数据不丢失。 I.提供自动评估云安全等保障机制,支撑业务系统等保障满足度分析与整改。 J.支持滚动升级、滚动补丁等能力,保证扩容与升级对上层业务无影响。 K.支持大规模集群节点,满足大数据中心扩张的需求。 L.支持分布式存储免迁移技术,硬件平滑替换,新旧节点间数据自动拷贝,QOS流控不中断业务应用。
3	大数据平台要求	数据分类	按照博物馆人、物、空间等全要素建立数据资源体系,数据类别应包括藏品、库房、展厅、设备、空间实体、人员等,应符合以下要求: A.藏品数据包括藏品本体数字影像数据和藏品信息两类,藏品信息包括藏品本体属性信息、藏品管理工作信息和藏品文档信息、研究论著信息与声像资料信息等。 B.库房数据包括但不限于文物库房内文物囊匣、文物位置、形态状貌、库房温湿度、菌落分布、文物病虫害及物联感知数据。 C.展厅数据包括但不限于展厅展览状况、展具及其位置、温湿度、灯光及物联感知数据。 D.设备数据包括但不限于博物馆地理环境、建筑、库房、展厅等实体空间的三维模型数据。

续表

序号	要求	内容	参考标准
3	大数据平台要求	数据分类	E. 空间实体数据包括但不限于博物馆地理环境、建筑、库房、展厅等实体空间的三维模型数据。 F. 人员数据包括但不限于博物馆重点区域中流动人员的基本信息、轨迹、行为等数据。 G. 博物馆策展、文保方案、社教、文创等营运数据。 H. 其他数据包括应急、安防、消防、财务、能耗、车辆、资产等数据。
		数据质量	A. 数据要求符合 GB/T 36344-2018 中相关要求。 B. 数据成果形式符合藏品征集、保管、研究、修复、展示、传播、文创、教育等业务需求，包括但不限于二维影像、三维数据模型、音视频和文本等。 C. 数据成果格式满足数据通用格式规范要求，保证数据的成功访问。 D. 博物馆地理环境、建筑、库房、展厅等实体空间和设备三维模型数据质量满足完整性、几何精度、属性精度、现势性和逻辑一致性，按 CJJ/T 157 的规定执行。 E. 对博物馆人、物、空间的实时监测形成的视频图像数据，其数据质量符合 GA/T 367 要求。 F. 数据资源及其元数据适时更新，更新后的数据质量不低于原有数据的质量。
		数据融合	1. 数据采集： A. 应支持多类数据源的数据采集和导入，支持分散、多样的各类数据的汇聚，具备批量采集和基于流处理的准实时采集能力。 B. 应支持提供读写数据插件，实现多种数据源的读取和写入。 C. 应支持多传输通道，根据数据特点智能选择。 D. 应支持分布式网络环境部署。 E. 应支持全量、增量数据同步，支持实时、定时数据同步，支持用户自定义周期。

续表

序号	要求	内容	参考标准
3	大数据平台要求	数据融合	F.应支持MQTT等标准的物联网协议，方便设备基客户端快速接入云端平台。 G.宜支持不少于10万并发的能力，平台架构支持水平性扩展。 H.宜支持提供完善的连接实时监控，便捷查看客户端在线情况、消息量统计、异常日志。 2.数据存储： A.支持文物及标本、展览、设备、观众等多源异构数据融合共享，以形成公共的主题库和专题库，为应用提供统一的数据服务。 B.支持分布式数据库的结构化数据存储，提供快速数据访问服务。 C.支持云存储非结构化海量数据存储，包括但不限于视频流、音频流、图片、历史轨迹等。 D.支持热点数据缓存处理，包括用户和应用的权限数据、资源订阅数据等存储。 E.采用国家密码行政主管部门鉴定的密码算法，采用多重密钥保护机制对数据进行存储加密保护。 F.提供文件级细粒度安全存储，如单独设置文件密级、加密算法、加密密钥等。 G.提供平台业务数据存储容量和性能支持的可靠性和水平扩展，支持数据冗余多节点可靠存储，支持单节点故障业务不中断。 H.视频和图片存储，支持高性能分布式文件存储，符合视频业务大容量存储的需求。 3.数据处理： A.建立统一的数据模型和监测数据模型。 B.支持数据模型开发，数据资源统一建模、管理。 C.支持轻量的流程调度，通过调用任务服务接口来执行调度，根据服务返回的状态，编排和管理服务。 D.支持规则引擎设备数据和平台服务打通，快捷实现海量设备数据存储、计算和分析。 E.通过设备映射实现缓存机制，将设备与应用解耦。 F.支持实时数据流分析和建模。

续表

序号	要求	内容	参考标准
3	大数据平台要求	数据融合	G.支持多维度数据挖掘,具备数据融合分析、海量数据挖掘分析、空间位置统计分析能力。 H.支持实时分析并处理的事件场景。 I.提供数据模型版本管理,保留历史版本的痕迹,支持溯源。 J.支持开放的数据模型,并提供对各种设备数据抽象和支持扩展。 K.支持数据状态特征分析功能。 L.支持数据变化状况和变化趋势预测功能。 M.支持敏感数据识别、标记和脱敏,包括替换、截断、掩码、重排、日期偏移取整等。 4.数据管理: A.建立数据资源主题库,包括文物类型主题库、库房存放主题库、展厅策展主题库、设备管理主题库、人员信息主题库、视频监控主题库等。 B.建立数据资源主题库中各类数据的元数据库和数据字典数据库。 C.支持对汇聚到大数据中心的数据进行集中治理和管控,包括元数据管理、数据质量稽查与处理、数据标准管理以及数据安全管理等。 D.提供数据质量分析和预警功能,通过技术手段甄别数据优劣程度,对质量较差数据进行清理,对长期不用数据进行清洗和归档。 E.支持数据质量稽核,通过预定的规则对数据做稽核并生成报告,对稽核出的问题按预定规则自动治理,或生成任务工单进行处理。 F.支持数据血缘关系管理,自动生成和维护数据血缘关系地图。 G.支持对不完整数据、错误数据和重复数据进行统一标识、清洗对比和整合转换等。 5.数据使用: A.支持统一的数据支撑服务能力,包括数据资源目录、数据共享、数据访问安全授权、数据服务发布等。 B.支持对数据进行服务化封装、管理和开放。 C.支持以服务的形式对上层应用提供数据资源。

续表

序号	要求	内容	参考标准
3	大数据平台要求	数据融合	D.支持数据发布管理，保障数据使用者通过权限管理实时获取数据服务。 E.支持提供模型构建、脚本开发、任务调度、流程开发与编排等开发工具。 F.支持提供可视化建模工具，构造数据库模式、建立数据库、构建表结构和表关系。 G.支持异构数据库同步，包括采用基于数据表、数据视图、自定义等方式构建数据模型。
		数据服务	1.通用要求： A.支持统一身份鉴别和单点登录。 B.支持利用服务目录、容器编排、微服务等技术对数据进行提取、分析、整理和融合，实现新业务的快速上线和弹性伸缩。 C.支持内外网的 API 注册与管理。 D.支持跨数据中心和跨云服务的 API 调用。 E.支持分布式部署，自动扩展。 F.支持通过请求签名的方式保障 API 开放过程中的安全。 G.支持实时查询 API 调用日志，快速追溯问题，运维方便。 H.支持在线验证功能，服务封装后，直接验证逻辑，快速发现业务契合度的问题。 I.支持自定义语法，支持常规的数据查询交错、多种不同接口混搭等场景。 2.应用服务： A.支持移动应用开发构建的能力。 B.支持基础通信能力集成，包括但不限于即时消息、语音呼叫、视频和邮件。 C.支持事件告警能力集成，包括但不限于事件告警管理、功能管理。 D.支持配备设备的触发规则，包括但不限于启动或禁用触发器、设置触发器有效期、配置触发器规则参数。 E.支持对平台的应用、用户、设备数据进行管理和关联绑定，提供群组管理和批操作。

续表

序号	要求	内容	参考标准
3	大数据平台要求	数据服务	F. 对上层应用提供定位、纠偏、道路匹配、地理围栏和导航服务。 G. 提供计算法、聚类管理、机器学习、模型配置、质量管理、运行监控等服务。 H. 提供面向使用者的统一用户信息管理服务。 I. 提供统一的账号管理服务，兼容已有账号管理系统。 J. 提供基于组织或角色的权限管理服务，支持权限信息同步给对应行业应用。 K. 提供事前预警，对登录模式、访问时间、操作行为、访问习惯和访问关系等异常行为进行监控和预警，支持事后追溯，对身份管理、访问和运维管理进行全方位合规审计。 3. 开发服务： A. 支持提供在线编排、开发能力。 B. 支持提供 API 开放管理、可视化组件等能力。 C. 提供构件仓库、支持构件的分类管理和版本管理及构件的上传、下载、检索。 D. 提供相应的工具，包括但不限于开发模板、代码编译测试、开发程序打包。 E. 提供软件服务化封装、应用项目管理、代码托管等能力。 F. 提供在线错误处理能力，开发态的错误检测和修正。 G. 提供沙箱环境，用于在线测试运行新开发的应用。 H. 提供可视化在线调试工具，如数据模拟器、地图数据模拟器、API 调试工具等。 I. 支持应用持续集成、在线打包发布和自动部署，支持服务构建的热加载（即插即用）。 J. 提供告警信息、健康状态和容量监控能力，实时跟踪硬件基础设施的性能，以及各租户下的硬件资源使用状况和指标，监控并处理告警。 4. 集成服务： A. 平台支持在线创建设备关联的轻应用，并对应用进行预览发布并能够公开访问，同时对应用进行增、删、核、查等编辑操作。

续表

序号	要求	内容	参考标准
3	大数据平台要求	数据服务	B. 平台支持在线对第三方开发平台进行服务器配置，设置想要推送的数据内容和推送地址，并对相关消息进行加解密接入验证等操作。 C. 支持对应用服务进行注册、发布、审核、订阅、编排等操作。 D. 支持对应用服务进行路由管理、流控管理、授权管理和运维管理等操作。 E. 支持把数据库通过服务的形式对外开放使用。 F. 支持如数据导入、FTP操作、SQL语句执行和电子邮件消息传递等工作流功能任务。 G. 支持消息的创建、修改、查询、删除、授权等操作。 H. 支持多种发布订阅模型，提供可靠消息传输通道，提供自动化运维可视和告警机制。 I. 提供消息的发布、订阅、存储、跨中心路由和跨云传输，支持安全接入和轨迹跟踪。
4	智慧应用	应用服务需求说明	1. 服务对象： 应支撑智慧博物馆展陈、教育、保护、传播、文创、服务、管理方面智慧应用需求，服务博物馆观览者、博物馆工作人员、其他人员（研究人员、教育机构、文创开发公司等）。 2. 需求说明： A. 综合管理需求：主要服务于博物馆工作人员，通过优化业务流程，重塑行政管理工作格局，搭建博物馆统一的办公平台和入口，形成人力资源管理服务体系，构建资产财务一体化系统，提高日常办公效率，提升各部门协同办公能力，主要包括智慧办公、资产管理和智能运行中心等。 B. 核心业务需求：以馆藏文物为核心，围绕藏品征集、保管、研究、修复、数字化、展览展示、社教传播、文创开发等业务流程实现闭环动态管理，为多部门业务协同提供便利和保障，对观众行为数据进行分析，提升博物馆管理服务质量和水平。主要包括智慧文保、智慧库房、智慧展示、智慧导览、智慧传播和智慧教育等。

续表

序号	要求	内容	参考标准
4	智慧应用	应用服务需求说明	C.运维保障需求：包括博物馆内设施设备管控、安防、智慧楼宇等，实现对博物馆内设备、安防、文物、人员信息的全面感知，利用信息化技术，实现对博物馆日常运维健康状况的感知并对运维中存在的问题及时感知、响应处理。
		智慧办公	A.加强博物馆内部各部门应用与信息整合，推进跨部门信息共享和业务协同，提高信息资源开发利用水平。 B.实现项目执行进度与预算完成度的可视化展示，对项目执行进行监控与管理，针对项目执行问题，寻找流程优化对策。 C.建立报批审文、请示报告、业务合同、各类公函、会议纪要、开闭幕式议程等公文的模板库。 D.提供各类会议的智能筹办，如提供会场预订、参会人员与车辆定位、会场路线与座位导览、会议报道与离会注销、会议财务报销以及会议纪要自动生成等功能。 E.对工作人员的信息进行实时更新，从入职、岗位变更、职称变更、离职、离退休等内容的全流程人员管控，并与OA和财务系统对接，提供更加丰富多样的服务窗口平台。
		智慧文保	1.基本要求： A.对博物馆藏品的本体健康状态及影响因素进行量化分析。 B.进行智能数据挖掘和分析处理。 C.满足监测、评估、预警、调控的预防性保护流程。 D.支持数字化保护，包括但不限于利用三维模型数据实现修复和拼接等。 2.预防性保护： A.对室外环境和大环境进行监测。 B.对小环境、微环境进行监测和调控，对展览期间选用的展柜进行气密性评测，对不合格的进行改造，必要时配备微环境调控装备。 3.数字化保护： A.对文物碎片进行数字化高保真采集、建模，并建立虚拟拼接、修复系统。

续表

序号	要求	内容	参考标准
4	智慧应用	智慧文保	B. 对文物本体进行数字化高保真采集、建模，建立数字资产管理系统，并为藏品管理系统、修复系统提供数据支撑。 C. 实现文物及标本修复保护的全生命周期档案建立。
		智慧库房	1. 基本要求： A. 支持环境的预防性保护及日常管理两大类工作。 B. 满足监测、评估、预警、调控的预防性保护流程。 C. 满足藏品信息与人员信息的日常登记管理。 2. 预防性保护： A. 实时感知温湿度、光照度、紫外线辐射照度、CO_2、VOC、有机污染物总量、无机污染物总量、含硫污染物总量、PM2.5、风速（进出口）、振动等文物保存环境数据。 B. 实时感知文物表面温度、本体含水率、表面裂隙等本体数据。 C. 实时感知恒湿储藏柜、空调机组及新风系统的运行数据。 D. 当实时感知数据发生异常时智能报警。 E. 录入纸张PH数据、菌落总数检测数据及其他类型的生物病害数据，以此为基础，结合保存环境数据，建立文物熏蒸、消杀、保养的预测性维护机制。 F. 依据用户指定的规则自动生成实时感知数据评价报告。 G. 对库房在用装备进行预测性维护。 H. 接入气象、环境部门数据，主动启用调控预案。实时感知地震事件，3.5级以上地震触发减隔震装置。实时感知用电安全，报警事件可追溯。 3. 日常管理要求： A. 同一小环境、微环境中保存的文物样本本体材质相同、病害相近。 B. 以文物本体总登记号为基础建立藏品管理系统，满足登录、查询、盘点等业务。 C. 基于人体生物信息识别技术建立人员管理系统，满足门禁管理、出入库等业务。 D. 对库房综合业务进行大数据可视化展示，为智能运行中心提供库房业务一张图。 E. 基于物联网技术的藏品管理、盘点等功能。

续表

序号	要求	内容	参考标准
4	智慧应用	智慧展示	展示的内容应包括但不限于文物本体、复制品、文物高清图片、文物三维模型、文物背景信息、历史场景、博物馆资讯等相关信息。 1.展示形式： A.线上展示应包括但不限于全景展览，支持将馆内实体展览拍摄制作成全景展览，支持对重点展品的数字化展示和讲解，支持展览漫游路线引导。 B.图文导览支持对展品的数字化展示和讲解，提供相应的教育资源等业务服务，根据用户喜好推荐展品。 C.三维虚拟展览支持制作非馆内实体的三维虚拟展览，支持馆藏资源的再利用，后支持更换展品，具备跟随式讲解。 2.线下展示： A.线下展示，包括动态展板，支持显示多媒体内容，展示内容可调整编辑，设计风格和周围环境融为一体。 B.触摸屏互动展示，包含多媒体拼接屏、双屏展示互动、多屏展示互动等触摸屏展示互动形式，支持多媒体内容展示，支持观众互动触摸操作。 C.互动投影展示利用投影技术，完成观众与展示内容的交互，通过观众互动改变投影展示内容或展示效果。 D.全息投影展示能通过全息技术再现文物三维模型信息。 E.数字展柜采用数字化展示技术，适应展厅整体风格。 F.增强显示展示，根据博物馆特色和陈展主题设计增强现实内容，具备展示、互动功能。 G.虚拟现实展示，通过VR技术，带给观众沉浸式参观体验，观众通过VR设备，实现人机交互，通过操作得到环境的反馈。 H.MG动画展示，具有兼容包容性、轻量性、便捷性等特点，便于分享传播，将展示内容以故事和趣味结合的方式进行展现。 I.信息发布屏展示，兼顾博物馆内外信息展示，采用多媒体展示形式，后台可更新内容。 J.博物馆大数据展示，通过大屏或后台管理终端展示博物馆大数据统计分析可视化成果。

续表

序号	要求	内容	参考标准
4	智慧应用	智慧导航	1.基本要求： A.满足团队观众和个人观众的导览、导视需求。 B.支持专业导览设备和观众智能手机导览，包括团队观众导览讲解系统、专业导览终端、智能机器人导览系统、导览导视互动系统、智能手机导览系统等。 C.根据博物馆自身陈展主题制作多类型导览、导航内容，包括博物馆场馆内外电子导航地图、多语种导览讲解词、适合不同年龄段观众的讲解词、藏品多媒体信息，增强现实展示、互动内容等。 2.导览系统： A.团队观众导览讲解系统，适应大型团队参观讲解需要和小型团队参观讲解需要，支持对团队参观讲解从预约到讲解员评价的全流程管理。 B.专业导览终端，适用个人观众参观导览，适用博物馆场馆内外参观导览，具备多媒体导览讲解功能，支持定位系统，支持将观众参观数据和设备使用数据回传至智慧博物馆后台。 C.智能机器人导览系统，配置智能迎宾，具备互动功能，支持馆内导航，具备讲解功能。 D.导览导视互动系统，以数字化形式提供博物馆导览导视服务，支持观众与系统进行互动查询，支持将查询结果传输到观众智能手机，支持人工智能技术融合应用，支持与馆内其他智慧系统进行数据互联互通。 E.智能手机导览系统，支持市面上大部分智能手机使用，通过导览APP或微信小程序实现导览多媒体讲解功能，具备路线引导、个性化推荐功能，支持自动定位功能。
		智慧传播	1.基本要求： 　　以博物馆的馆藏资源和开设展览的内容为依托，综合考虑智慧传播的内容和形式。根据博物馆自身需求，制作不同内容，包括新闻动态、展览资讯、活动预约、科学普及、互动游戏、文创产品等。采用分众传播的理念，借助多样化传播渠道，提供个性化、定制化服务。

续表

序号	要求	内容	参考标准
4	智慧应用	智慧传播	2.传播方式： A.门户网站提供博物馆最新的资讯及新闻动态展示，提供藏品征集入口，提供博物馆、展览、文物的介绍信息，提供博物馆研究成果及研究工作的展示，提供博物馆虚拟场景、线上展览的入口，提供社教活动展示及社教活动报名功能，提供票务预约、讲解预约等预约入口，并提供会员注册报名、志愿者注册报名等报名入口，提供博物馆文创产品展示及在线购买链接，门户网站应具备防御网络攻击的能力。 B.新媒体传播平台推送博物馆最新资讯，提供博物馆、展览的介绍信息，提供精品文物的二维、三维展示介绍，提供票务预约、讲解预约、活动预约等预约入口，提供博物馆虚拟全景、线上展览的入口。
		智慧教育	1.基本要求： A.根据博物馆藏品资源设置教育内容，充分利用数字媒体资源，系统整合藏品的艺术、历史、科学等研究信息。 B.支持与展览展示内容相结合的分众化教育形式，包括个性化课程推送、移动端课程教学、云端游学等。 C.承担馆校合作和全民终身教育的双重责任，满足不同的观众需求，包括教育工作者、学生、研究人员和普通观众等。 2.教育系统： A.教育教学资源库能够针对自身场馆特色和陈展主题策划社教主题、开发制作社教课程资源，课程形式能与互联网、多媒体技术手段相结合。 B.博物馆现场教学互动系统能够实现同步教学、现场教学互动功能，系统具备教学内容更新、教学数据反馈等功能，现场教学系统具备便携、易部署等特点，方便博物馆与学校等机构结合开展社教活动。 C.博物馆教学活动数字化管理系统具有社教活动信息发布、社教活动报名、教师学生资料认证、学生考勤考核等功能。

续表

序号	要求	内容	参考标准
5	安全保障要求	安全保障	A.支持对信息访问者进行身份鉴别和接入位置鉴别,并根据统一的安全策略对信息访问者的访问要求进行控制。 B.根据信息系统基础资源和信息资源的价值大小、用户访问权限的大小和系统重要程度的区别,依据 GB/T 22239-2019 进行等级保护定级备案。 C.保障有关物理设施和环境的物理安全,通过有效、集中的监控系统,实现对有关资源的集中管理和监控。
6	运维保障要求	资产管理	建设设备资产全生命周期管理系统,对各类设备进行实时管控与分析,实现全生命周期管理。 A.提供各类资产的合同管理、标签管理、价格管理、置换与报废管理等功能。 B.实现资产的登记、调剂、处置等全生命周期的业务管理。 C.提供设备故障诊断、预警报警、使用情况与寿命提示等功能。
		设备管控	A.支持设备智能管控能力,对现有和新建各类设备子系统通过统一接口,将设备进行数据资源统一汇聚到设备管控平台。 B.支持对现有空调、通风、电力、给排水、雨水、电梯、温湿度、照明等控制系统的设备参数统一监测,布设传感器,并接入统一的物联网感知体系。 C.支持设备集成管控管理能力,开展各设备系统的监测、展示、控制和楼宇立体化展示,支撑馆内各类展览和管理活动开展。 D.支持通过移动端管理应用系统,实现内部各类硬件设备的统筹管理和应用。 E.对基础设备、信息化设备、安防消防设备的运维。 F.与各类应急通信、移动通信等设施互联互通,通过物联网对设备进行远程控制,各建筑体部署物联传感器,对用能情况进行分析,对各接入的外围设施设备实时采集运行状态。
		智慧安防	A.支持安防集成管理能力,梳理和统筹安防相关视频和音频数据资源,统一标准格式,实现数据转换和建库。 B.根据安防相关业务系统架构,支持所有音视频资源信息的采集渠道统一管理、统一标准采集和入库。 C.支持安防业务系统集成,统一系统接口和数据标准,实现各安防业务子系统在系统层面和数据层面与集成管理平台的对接。

续表

序号	要求	内容	参考标准
6	运维保障要求	智慧安防	D.支持各类安防系统的协同联动和智能化管控,支持移动端安防应用系统统筹管理使用。
		业务运维	A.包含业务系统运维和资产全生存周期过程运维。 B.构建设施与设备档案,自动收集与分析设备、环境、资源等数据。 C.支持将博物馆安防、人员、车辆、设备设施、资产、环境、空间等数据进行统一采集,并根据业务需求对数据进行统计分析。 D.支持对各种资源进行数字化处理,实现博物馆资源立体化呈现。 E.通过一体化操作界面,针对各类安全事件、实施实时报警、联动响应和调度指挥等。
		智能运行中心	A.提供可视化指挥能力,实现对博物馆运行、文物保护监测、展览展示、观众行为分析、藏品动态等各业务关联数据多维度分析结果,实现全馆重点区域人、事、物、数据、空间、层级结构的一体化可视化管理。 B.支持整合内外数据资源,梳理有价值的数据源,进行决策辅助信息的汇聚、分析和呈现。 C.智能运行中心支持多种展现形式,包括大屏、PC端、移动端等。 D.支持运行报告智能化输出功能,包括月报、年报等周期性输出。 E.支持采用多维度、多类型、深层钻取的各种综合图表,展示运行指标和监测运营情况,对关键指标进行预警和深度挖掘分析。

其中智能运行中心运行的监测指标也给出了相应的参考规范,从博物馆概览、参观客流、观众服务、馆藏文物、传播教育、文创成果、环境监测、基础设施和融合指挥9个方面进行监测,每项再具体细化为83个小子项,归为"必选项"和"可选项"两类,其中必选项有29个子项,可选项有54个子项,标记可选项的内容均可根据博物馆实际情况进行自主选择采集和分析,具体如下。

表 5-2 智能运行中心运行监测指标参考

序号	指标项		必选项或可选项
1	博物馆概览	藏品数量	可选项
2		藏品类别数量	必选项
3		展品总数量	必选项
4		展品类别数量	必选项
5		文创总数量	可选项
6		文创类别数量	可选项
7		观众预约数量	必选项
8		观众当日入馆人数	必选项
9		分区观众数量	可选项
10		服务数量	可选项
11		网站社教平台访问数量	可选项
12		馆内温湿度	必选项
13	参观客流	在馆人数	可选项
14		各区域观众人数	可选项
15		一周数据比较	必选项
16		客流聚集预警情况	可选项
17		客流热力图	可选项
18		观众参观轨迹图	可选项
19	观众服务	观众参观统计	可选项
20		基于GIS的观众来源分布	可选项
21		观众分类统计	可选项
22		预约总数	必选项
23		预约分类统计	可选项
24		导览使用统计	可选项
25		语音讲解数量	可选项
26		讲解员统计	必选项
27		志愿者统计	必选项
28		讲座数量统计	必选项
29		活动分类统计	可选项
30		社会评价统计	可选项
31		讲解员讲解时长统计	可选项
32		观众意见处理统计	必选项

续表

序号	指标项		必选项或可选项
33	观众服务	观众投诉处理统计	必选项
34		观众分布统计	可选项
35	馆藏文物	馆藏文物数量	必选项
36		文物来源分布	可选项
37		外借文物跟踪	必选项
38		文物分类统计	必选项
39		文物利用统计	可选项
40		文物评价TOP10	可选项
41		观众点赞文物TOP10	可选项
42		藏品体系	可选项
43		藏品征集数量	可选项
44		藏品来源渠道	必选项
45		藏品分库保存	可选项
46		藏品分类保存	可选项
47		藏品保护与修复数量	必选项
48	传播教育	网站访问量	必选项
49		微信公众号关注量	必选项
50		微信阅读量	必选项
51		社教平台观看数量	必选项
52		专题知识访问量	可选项
53		国际学术会议数量	可选项
54		国内学术会议数量	可选项
55		年度学术会议	可选项
56		访问学者数量	可选项
57		学术刊物数量	可选项
58		期刊出版数量	可选项
59		学术专著、科普读物出版数量	可选项
60		论文集数量	可选项
61		在国际知名期刊上发表论文数量	可选项
62		在省级以上刊物发表论文数量	可选项
63		在国内其他刊物上发表论文数量	可选项
64		学术刊物收藏量	可选项
65		科研课题统计	必选项
66		科研项目获奖统计	可选项

续表

序号	指标项		必选项或可选项
67	传播教育	博物馆宣传渠道统计	可选项
68		展览数量统计	必选项
69		举办模式统计	可选项
70		展览获奖情况	可选项
71	文创成果	文创产品统计	可选项
72		文创产品分类统计	可选项
73		文创产品销售统计	可选项
74	环境监测	各区域的温度数据	必选项
75		各区域的湿度数据	必选项
76	基础设施	馆内各设施的统计	可选项
77		特殊人群服务设施统计	可选项
78		设施完好率分析	可选项
79		设施数据详情	可选项
80	融合指挥	一键点调	可选项
81		统一上墙	可选项
82		视频监控融合	必选项
83		语音融合	必选项

我国智慧博物馆建设面临诸多挑战，国内博物馆智慧应用多、体系化建设少，大多处在低效率资源数字化和小领域智慧化应用探索阶段，根本原因在于缺乏完备的智慧博物馆顶层设计、评价指标和评价机制，急需深入研究智慧博物馆总体要求标准及评价指标标准。另外，各级博物馆在推进智慧博物馆建设过程中，迫切需要智慧博物馆评价指标体系和评估方法作为引导。为了分析博物馆所处的状态与智慧博物馆总体要求的差距，需要对博物馆信息化、数字化、智慧化水平进行综合评价，《智慧博物馆评价方法》（T/CESA 1255-2023）是在《智慧博物馆建设总体要求》（T/CESA 1254—2023）的基础上提出的智慧博物馆评价指标框架，为考评智慧博物馆建设水平提供依据与工具，实现以评价促建设、促管理，切实提高智慧博物馆建设

水平、完善评价机制，推动我国博物馆智慧化转型发展。

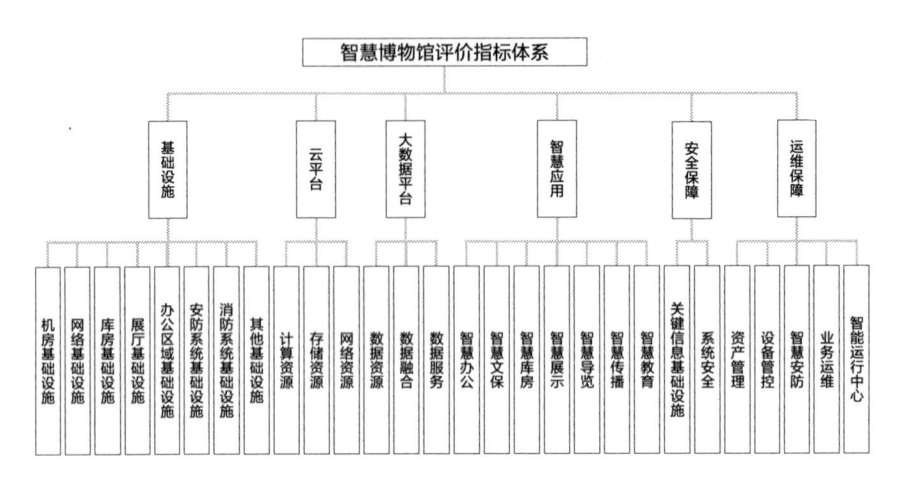

图5-2 智慧博物馆评价指标体系参考框架

该评价方法具体在评价指标设置了基础设施、云平台、大数据平台、智慧应用、安全保障和运维保障6个一级指标，一级指标下设27个二级指标，二级指标下设54个二级指标分项，细化评价机制，并设置了相应的评价权重和计算方法，可适用于衡量和反映智慧博物馆建设成效，对智慧博物馆整体建设水平进行评价，也适用于博物馆的改扩建，与总体要求二者相辅相成，实现"以建设立评价、以评价促建设"，共同引导我国智慧博物馆建设工作的标准化和体系化，推动智慧博物馆高质量发展，具体评价指标分类如下：

表5-3 智慧博物馆评价指标参考表

序号	一级指标	二级指标	二级指标分项	指标数据采集要求
1	基础设施	机房基础设施	机房建设情况	评价开始前的月末数据
2		机房基础设施	机房信息安全等级保护情况	评价开始前的月末数据
3		网络基础设施	办公网络建设情况	评价开始前的月末数据

续表

序号	一级指标	二级指标	二级指标分项	指标数据采集要求
4	基础设施	网络基础设施	无线网络覆盖率	评价开始前的月末数据
5			物联网络建设情况	评价开始前的月末数据
6			数据中心网络建设情况	评价开始前的月末数据
7		库房基础设施	库房基础设施情况	评价开始前的月末数据
8		展厅基础设施	客流监测情况	监测的月均观众人次采用博物馆展厅内智能设备监测到的观众月末总人数,月均观众人次采用博物馆月末实际参观人数
9			展厅基础设施情况	评价开始前的月末数据
10		办公区域基础设施	门禁系统情况	评价开始前的月末数据
11			会议系统情况	评价开始前的月末数据
12		安防系统基础设施	安防系统基础设施建设情况	评价开始前的月末数据
13		消防系统基础设施	消防系统基础设施建设情况	评价开始前的月末数据
14		其他基础设施	智能感知设备监测情况	评价开始前的月末数据
15	云平台	计算资源	云平台计算资源支撑情况	评价开始前的月末数据
16		存储资源	云平台存储资源支撑情况	评价开始前的月末数据
17		网络资源	云平台网络资源支撑情况	评价开始前的月末数据
18	大数据平台	数据资源	数据资源质量	评价开始前的月末数据
19		数据融合	数据融合情况	评价开始前的月末数据
20			数据融合率	评价开始前的月末数据
21		数据服务	数据服务情况	评价开始前的月末数据
22			大数据平台服务支撑业务比率	评价开始前的月末数据
23	智慧应用	智慧办公	办公自动化系统建设情况	评价开始前的月末数据

续表

序号	一级指标	二级指标	二级指标分项	指标数据采集要求
24	智慧应用	智慧文保	运输监测机制	评价开始前的月末数据
25			外展监测机制	评价开始前的月末数据
26			生物检测机制	评价开始前的月末数据
27			霉菌检测机制	评价开始前的月末数据
28			离线检测机制	评价开始前的月末数据
29			数字化保护能力	评价开始前的月末数据
30			修复管理系统情况	评价开始前的月末数据
31		智库库房	振动监测机制	评价开始前的月末数据
32			微环境调控能力	评价开始前的月末数据
33			小环境调控能力	评价开始前的月末数据
34			日常管理能力	评价开始前的月末数据
35		智慧展示	线上展览展示情况	评价开始前的月末数据
36			线下展览的数字媒体使用情况	评价开始前的月末数据
37		智慧导览	导览讲解系统团队观众使用率	评价开始前的月末数据
38			博物馆导览终端个人使用率	评价开始前的月末数据
39			智能机器人导览系统建设情况	评价开始前的月末数据
40			导览导视互动系统建设情况	评价开始前的月末数据
41			智能手机导览系统应用情况	评价开始前的月末数据
42			新媒体平台建设情况	评价开始前的月末数据
43		智慧教育	博物馆教育教学资源库建设情况	评价开始前的月末数据

续表

序号	一级指标	二级指标	二级指标分项	指标数据采集要求
44	智慧应用	智慧教育	博物馆现场教学互动信息化程度	评价开始前的月末数据
45			博物馆教学活动数字化管理程度	评价开始前的月末数据
46	安全保障	关键信息基础设施	关键信息基础设施监管建设情况	评价开始前的年末数据
47		系统安全	系统安全情况	评价开始前的月末数据
48	运维保障	资产管理	资产管理系统建设情况	评价开始前的月末数据
49		设备管控	设备监测情况	评价开始前的月末数据
50			设备控制情况	评价开始前的月末数据
51			设备运维情况	评价开始前的月末数据
52		智慧安防	智慧安防系统建设情况	评价开始前的月末数据
53		业务运维	业务系统运维情况	评价开始前的月末数据
54		智能运行中心	智能运行中心建设情况	分必选项和可选项,取评价开始前的月末数据

第六章　智慧博物馆建设的实践探索

随着信息技术革命的日新月异,以大数据、云计算、物联网、移动互联、人工智能、虚拟现实、数字孪生、元宇宙等为代表的新技术广泛应用,为博物馆带来无限生机,而科技与文化的碰撞,赋予了博物馆全新的内涵,不只是展示形式、文物保护等方面的技术再造,为观众提供崭新有趣的参观体验,更是为博物馆传统管理、保护及运营理念带来了翻天覆地的改变。智慧博物馆是最近几年在文博界内出现频率很高的名词,国内智慧博物馆建设项目也是遍地开花,但对智慧博物馆的建设方式、内容和标准规范等仍在不断实践探索中。智慧博物馆作为一项新兴事物,是一项复杂、庞大的工程,是一项国家的顶层战略,也逐步成为当下文博发展的最新趋势。各地博物馆利用在信息化、数字化建设中积累的现有优势和成果基础,根据自身文物保护与参观展示的实际情况,不断完善数字化设施和功能,增强展览的互动性和观众体验感,提升智慧服务、智慧保护和智慧管理三大核心业务板

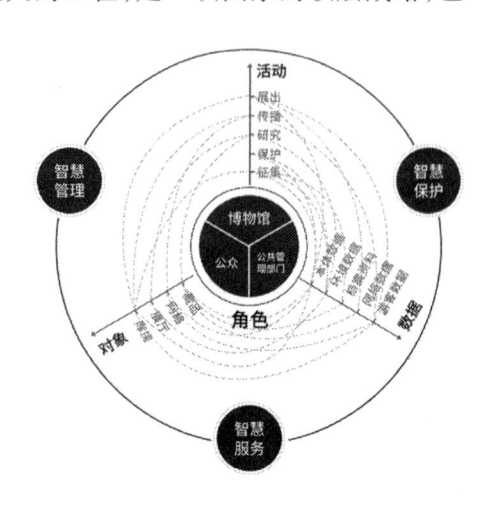

图6-1　智慧博物馆与传统实体博物馆的关系

块能力,积极投入智慧博物馆建设和研究,在探索中积累了很多新技术的应用实践经验和典型成果案例,智慧博物馆与传统实体博物馆相辅相成,相互补充,共同推动博物馆发展的新趋势,为我国建设博物馆世界强国和高质量发展提供坚实基础和有益借鉴。

第一节 智慧博物馆的前沿技术探索

从功能定位的视角来看,传统博物馆是进行展示、收藏历史物品的线下实体场所,并兼具研究、教育功能,同时工作人员提供展览引导服务、藏品研究及日常管理工作。伴随科技与博物馆理念的发展变化,越来越多的新技术应用到越来越多的博物馆展览、演绎、研究、传播和社教等各个方面,新技术对博物馆的功能定位进行了深化与拓展,博物馆对新技术也始终保持着开放、接纳的态度。随着技术水平的不断提升和实践研究,传统博物馆积极利用新技术的变革,对自身功能进行进一步阐释及深化。在数字化发展的驱动下、智慧博物馆也得以快速发展,通过充分运用信息技术成果,收集处理关键信息,实现博物馆传播展示的全面提升,带给观众的体验感受更为直接,与社会公众的互动加强,博物馆从被动的技术推动转变为主动引导技术应用。国内文博专家学者结合智慧博物馆的实践探索,从不同维度进行现状研究,将演绎博物馆学与新技术时代背景相结合,提出新技术的发展提高了社会公众的体验感受度,并以虚拟复原为例,通过操作设备的辅助,观众与展览物品的"交互性"得以进一步提高。目前在智慧博物馆应用的新技术除了大数据、云计算、物联网、移动互联等,还有知识图谱、数字孪生、元宇宙、人工智能等也在逐步应用到智慧博物馆建设的方方面面,为未来博物馆的发展提供了新的思路和可能。

一、知识图谱与人工智能

2012年美国Google公司正式提出知识图谱概念并成功应用于搜索引擎后,学术界和业界普遍使用这个术语,迅速被信息产业接受和发展,是网状结构化的语义知识库,类似于现在的思维导图,重点描述事物之间的关联关系,以符合人们联想的记忆方式来展示关联知识,将分散的、非结构化的信息转化为结构化的知识并以图的形式表示,不仅能用数据反映事件,还能反映出事件之间的联系。知识图谱是人工智能在大数据环境中的成功应用,现已成为大数据收集与分析、语义检索及智能推荐等强有力的技术支撑。

人工智能正由感知智能向认知智能演化,让机器具备认知智能,其核心就是让机器具备理解和解释能力,这种能力的实现与大规模、结构化的背景知识是密不可分的,知识图谱是实现机器认知智能的使能器,是大数据时代重要的知识表示方式之一,为机器语言认知提供了丰富的背景知识,使得机器语言认知成为可能。知识图谱技术作为AI人工智能的重要组成部分,拥有强大的语义处理和互联组织能力,与5G在智慧博物馆中的重要性日趋明显,它可以实现丰富的知识表达、开放互联的服务和基于知识的服务,通过精确的知识融合、语义检索和推荐、知识问答和对话、关联挖掘、大数据分析与决策、可视化呈现等优势将博物馆文物散落于各方面的信息点形成串联并应用到文物展览过程中,使其迅速成为建设智慧博物馆中应用的未来发展趋势关键技术之一和研究热点。

随着博物馆信息化、智慧化的不断提高,博物馆在知识领域发挥的作用正在不断深化,尤其在知识分享以及知识传播方面的贡献正变得日益重要,广大观众对知识获取的需求也在不断增长。但由于博物馆本身是一个发展历史较长的实体保存单位,对于知识、信息的获取和利用方式尚未能完全满足数字化、网络化时代的发展,许多历史知识与文物信息也都未能得到很好挖掘。亟须进行文物知识图谱的构建,以高效准确、简明易懂的方式和实现技术将博物馆内的众多文物历史知识进行整合和梳理,找出内在逻辑,从而满足日益增长的广大观众与用户的需求,讲好文物背后的故事,更好地完成博物馆在文化历史宣传方面的积极作用。

我国智慧博物馆在建设与发展的过程中,逐渐暴露出传统博物馆文物知识生产组织方式与服务模式陈旧、文物知识关系图谱缺乏、文物知识检索效率低下、文物关系可视化效果差等诸多问题,这些问题的核心是博物馆需要处理海量、多源异构的文物知识数据资源,而传统的数据处理方式已经逐渐落后,迫切需要前沿的知识处理技术——知识图谱的加持。博物馆构建知识图谱主要是在现有数据的基础上增加语义层,建立知识管理系统,其中一项基础工作是文物保护领域本体的构建,如文物本体、用户本体、展览本体和文化本体等。一定程度上看,知识图谱就是博物馆的智慧大脑,在多个应用方面具有重大的创新意义。尤其是文物有着丰富的艺术和科学价值,是重要的历史资源,我国有着悠久的历史和深厚的文化底蕴,文物数量庞大、种类丰富,其领域知识数据海量、多源且异构,博物馆的知识图谱构建离不开文物知识图谱,通过运用知识图谱的技术手段将文物资料与数据进行整合、收集,形成不同的文物专题数据库,包括文物背景、出土事件、历史事件、完缺程度、科学研究、展览陈列等诸多要素,从而便于进行文物检索、宣传和利用等。文物知识图谱作为博物馆的数字资产,具有可复制、可共享、无限增长和供给的禀赋,能够形象地展示文物知识的核心结构、文物知识的发展历史以及文物知识整体之间的联系与框架结构,为文物知识的探索与研究提供切实的参考价值,满足文化传承的实际需求和支撑多种文物知识的有效需求,使可持续发展和永续发展成为可能,将为博物馆创造更大的价值。

我国文博方面的专家学者以及技术人员尝试利用知识图谱的方式构建各类文物主题库,知识图谱在智慧导览、智能问答、智慧展陈与可视化等各个领域应用,成为博物馆智慧化的重要研究和应用领域之一。但由于文物资料来源广泛,数量巨大,标准化程度极低,因此资料的知识点提取难度极大。同时,文物研究人员通常专攻某一类型或某一段历史,文物之间的内在联系很难获得,因此,文物知识图谱的构建难度较大,且在构建时自动化程度较低,多为人工提取和处理知识点,远无法达到计算机自动处理和识别,这样就大大降低了文物知识图谱的检索效率和应用前景。一般来说,知识图谱的构建主要包含三个方面,即知识抽取、知识加工和知识融合,而一套完整的知识图谱构建方法,还需要考虑图谱的存储和可视化等问题。由于文物的情况比较复杂,对于文物名称、描述、年代等方面的元数据规范程度较低,因此,在实际构建中,还需要考虑对于来源数据库的预处理工作,从而最大程度地实现知识图谱的自动化与准确性。在文博知识体系下,通过系统性梳理知识图谱的构建逻辑和构建方法,探索知识图谱的构建方法成为文博人面临的共同课题。

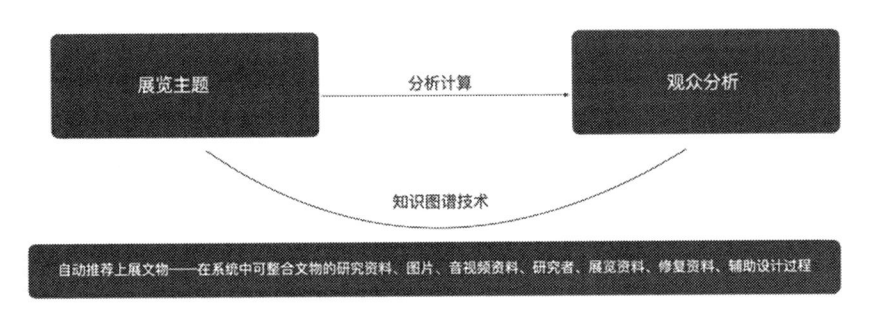

图6-2　知识图谱技术在博物馆展览展示的应用

在博物馆展览展示方面,知识图谱创新意义重大,利用高度共享及公开的文物知识图谱资源,构建博物馆知识图谱,基于知识图谱构建陈列辅助设计系统,根据展览主题,结合观众分析,通过分析计算,自动推荐上展文物。同时,在系统中整合文物的研究资料、图片、音视频资料、研究者、展览资料、修复资料等,辅助设计过程。博物馆知识图谱可以利用本体模型建立起博物馆文物信息的结构化知识网络,也可以帮助用户快速查找相关的文物、人物和时代,甚至进行知识的推荐。博物馆知识图谱使展览内容更具深度、广度和关联度,观众获取知识更具选择的自由度,同时还增强了展览的互动性和沉浸式体验,提升展览知识构建智能化水平,文博行业整体也将加速创新升级。

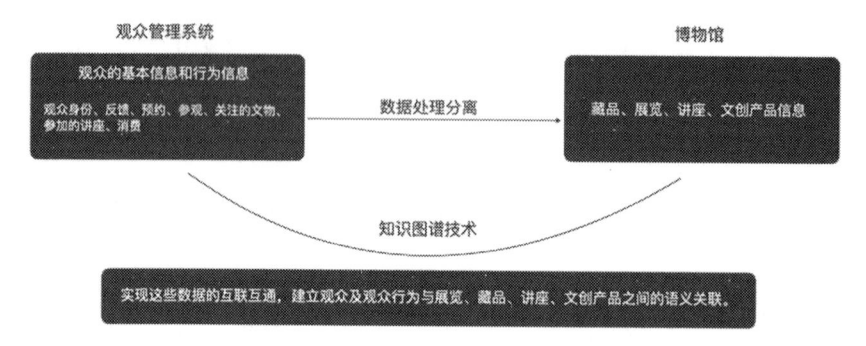

图6-3 知识图谱技术在博物馆观众分析和个性化服务的应用

在博物馆观众分析和个性化服务方面,现有博物馆的观众管理系统中,一般都记录了观众的基本信息和行为信息,如观众身份、反馈、预约、参观、关注的文物、参加的讲座和消费等。然而这些信息与博物馆中的藏品、展览、讲座、文创产品信息往往位于不同的系统中,处于数据处理离散的状态,给博物馆的运行造成了很大困难。利用知识图谱技术就能够很好地解决这个问题,实现这些数据的互联互通,从而建立观众及观众行为与展览、藏品、讲座、文创产品之间的语义关联。

图6-4 知识图谱在博物馆导览服务的应用

在博物馆导览服务方面,建立基于知识图谱的智能导览系统,将基于知识图谱的问答系统、可视化知识呈现、信息汇集和语义检索应用到导览中,提高导览的智能化程度。

湖南博物院在知识图谱赋能展览展示创新方面取得了丰硕成果,在2022年7月开幕的"听见湖湘——湖南音乐文物与故事"展中不但应用了3D打印、全息影像、纱幕投影、混合现实等多项前沿技术,还创新应用知识图谱,全景式展现我国音乐史,包含中国音乐史中的重要音乐文物4088件,著名音乐人物134位,音乐类型111种,音乐著作33本、音乐作品169部……展览中的语义搜索与智能问答和多模态智能导览系统等方面,应用知识图谱多模态数据支撑实现了导览中文物的多通道展示,包括触(文物三维模型)、看(视频资料、图像)、听(音频、测音)等。实现更为丰富的关联展示,基于文物知识图谱背后丰富的知识供给,展览对文物知识进行深度挖掘呈现,对其所承载的历史文化背景知识进行关联展现。利用文物知识图谱的开放链接的特性,以湖南历史上著名的琴家为主线,链接琴派、琴会、琴社、琴谱、古琴、师承等多种古琴文化要素,跳出文物器物本身,打破专业壁垒,深入挖掘文物背后的历史人文知识,让观众通过文物能够感受到中国文化历史的厚重感。借助文物知识图谱,对湖南琴人琴事、古代青铜乐器纹饰、湖南出土铜铙、中国音乐史进行了关联展示,这些历史人文信息使展览内容更为丰富,使观众快捷、低成本地获取文物实体所关联的更深层次知识,可以基于语义推理获取未发现的、暗藏的知识,可以打破展览中的信息孤岛,以非线性、超文本甚至是信息云的方式,满足观众多元化和个性化需求。

知识图谱具有很强的知识网络链接能力和语义处理能力,可以快捷、低成本地获取文物实体所关联的更深层次知识,甚至可以基于语义推理获取更多暗藏的信息,引导观众在探索中收获文物相关知识。比如,在"铜铙"交互展项"多维数据分析"板块,对湖南博物院收藏的青铜乐器相关数据知识(包括年代、尺寸、重量、纹饰、乳钉数量、出土地点等)进行了比较聚合,通过大数据分析把青铜乐器的主要特性以桑基图形式进行可视化展现,引导观众对湖南青铜乐器的独有规律进行探索,发掘数据背后隐含的文物知识。"探索与发现"板块,在互动游戏中不但可以学习青铜乐器相关知识,还可以体验考古发掘的全过程,激发对文物探索的热情。

在跨学科学习中,知识图谱可以为同一个问题提供多样化的学习内容,基于知识图谱技术的文物知识竞答游戏,能有效激发观众的学习兴趣,让观众在短时间内了解文物相关的跨学科、跨领域知识,丰富展览的知识供给。比如,在"古琴"交互展项"琴人琴事"板块,关联、聚合展示了中国近代湖南琴人、琴社、琴曲、琴派、琴学著作、古琴等相关的三百余个知识节点,经知识图谱可视化后,以关系网的形式向观众展现湖南的古琴及相关知识,让观众可以充分体会到湖湘地区深厚的音乐文化底蕴,从而增加展示内容的深度。

知识图谱拥有强大的开放链接能力及其语义网技术等AI技术,可以实现对文物知识相关的文本、多媒体或结构化异构数据等海量(大)数据进行有效组织和持续自动/半自动集成,在知识挖掘、组织、展示和传播等方面给展览带来不一样的提升,注入新的活力。比如,在"高山流水觅知音"知识图谱展项,由中国音乐文物知识大数据绘制而成,将音乐史中重要的音乐文物、音乐文献、音乐形式、音乐人物等化为浩瀚星空、山川河流,孤舟旅人,通过可视化元素的呈现,让观众体会到湖湘及中华音乐文化的源远流长与丰富多样。

另外,还有《浏阳古乐》MR展项也以知识图谱为抓手,有效整合计算机视觉、动作识别等感知智能技术,结合混合现实技术,将真实展厅的环境信息和文物关联知识信息(包括文字、图片、视频、模型、语音等)实时叠加到同一画面以及空间环境,打造出与众不同又具有沉浸感的文物展示体验,有效解决博物馆藏品不可触摸、不能深度体验的遗憾,真正做到让文物"活"起来、让博物馆"讲故事"。

利用知识图谱为大众提供智能化服务,不仅可以丰富文化传播的形式,并且可以有效创建人与物、物与物之间的紧密联系,开展智能化的研究、展示、传播工作等,我国智慧博物馆文物知识图谱的构建已初具规模,但还有很大的提升空间,随着数字化、AI人工智能等相关技术的提高与深入发展,博物馆文物知识图谱体系将进一步完善与广泛应用,为文化遗产的保护、研究和文博事业蓬勃发展贡献更多的智慧力量。

知识图谱的发展和AI人工智能的发展息息相关,人工智能是一种计算机技术,是类人思考、类人行为,理性的思考、理性的行动,其目的是模拟人类的智能,它包括能够感知、理解、推理、学习、创造和解决问题等活动。近年来,人工智能成为全球最热门的话题,是21世纪引领世界未来科技领域发展和生活方式转变的风向标,其技术已经在各个领域取得了显著进展,如智能机器人、语音识别、图像识别、自动驾驶、智能家居等,在博物馆也广泛应用到藏品管理、文物保护、展览展示设计、虚拟导览、数字化虚拟修复等方面,如在"理解三星堆"展览上通过AI三维建模复原祭祀的场景,敦煌研究院则利用AI技术打破地理空间限制,通过激光扫描、照片重建技术,结合游戏引擎的PCG技术、PBR技术,能以毫米级精度1∶1还原藏经洞内的壁画、文物细节,并模拟不同时间里敦煌莫高窟的光照、植被等情况,成功打造出物理场景的数字化高保真复现的"数字藏经洞"。

人工智能的基本方法主要包括符号推理、机器学习、进化算法和神经网络。其中,符号推理是一种基于逻辑推理的方法,使用符号和规则来表示和处理知识;机器学习是一种让计算机从数据中学习的技术,包括监督学习、无监督学习和强化学习等;进化算法是一种基于生物进化理论的优化方法,模拟了进化过程中的选择、遗传和变异等机制;神经网络是一种基于类比人类神经系统的模型,由多个神经元构成,通过多层神经网络的组合,可以实现复杂的任务和决策。

人工智能的主要分支包括自然语言处理、模式识别、机器学习、数据挖掘、智能算法等。其中自然语言处理NLP是人工智能中最具挑战性、最具有前景的领域之一,它是一种让计算机能够理解、分析、生成和处理人类自然语言的技术,是研究人机交互方式的关键技术之一,自然语言处理NLP在知识图谱、语音识别、文本挖掘、语义分析、搜索引擎、智能客服等领域获得了广泛应用;模式识别是对表征事物或者现象的各种形式(数值的文字、逻辑的关系等)信息进行处理分析,以及对事物或现象进行描述分析分类解释的过程,如图像和视频的识别、理解和分析技术;机器学习是研究计算机怎样模拟或实现人类的学习行为,以获取新的知识或技能,重新组织已有的知识结构是不断完善自身的性能,或者达到操作者的特定要求;数据挖掘是知识库的知识发现,通过算法搜索挖掘出有用的信息,应用于市场分析、科学探索、疾病预测等;智能算法是解决某类问题的一些特定模式算法,如最短路径问题、工程预算问题等。

自然语言处理NLP是计算机科学领域与人工智能领域的重要方向,利用NLP可代替人类与计算机之间的交互,为用户提供高效、个性化的服务。基于自然语言处理NLP技术的语言模型很多,其中当下的CHATGPT开启了人工智能新纪元,也是目前最成熟的一种基于TRANSFORMER模型的自然语言处理技术,可以实现连贯性地生成自然语言,能够根据输入的语言文本生成有意义、通顺、自然的新文本。同时,在用户进行追问时,会结合之前的语境改善自己的回答,还能通过无监督学习技术,在处理大量自然语言文本时,学习语言规律和隐藏信息,从而大大提高自然语言文本的生成能力,已被广泛应用于文本自动生成、文件处理和高效生产工具应用等方面,成为自然语言处理NLP领域的重要突破。

研究和使用CHATGPT或类似的自然语言处理NLP技术在智慧博物馆领域的应用场景,有助于推动博物馆的智能化进程,提升文化传播的服务品质和效率,为公众提供更为友好的互动场景,为研究人员提供更便利的检索条件,为管理者提供更为高效的管理手段。

博物馆客户咨询场景里,能自动处理和回复各种问题,提供准确和快速解答,降低人力成本、优化用户体验、提高观众满意度,还可辅助博物馆进行推广宣传,不仅可以产出背景调研、推广建议、推广方案的内容,也可以协助网络资源、宣传资料、创意文案、语言翻译等工作。

博物馆导览讲解场景里,利用自然语言处理NLP技术的超强互动性,可以极大拓展博物馆陈列展览的知识边界,在个性化导览方面,可以分析观众在博物馆中的语言、情感和兴趣,进而实现个性化展品推荐,观众可以通过对话方式告诉系统自己的兴趣爱好和需求,系统再根据这些信息给出相应的推荐展品或线路。智能化讲解方面,观众不仅可以看到基于展品的关键词和历史信息的文本描述,还可以与展品进行互动,根据博物馆提供的信息,生成智能化的讲解语音或虚拟人,自动提供更加深入、细致的文物解说。多语种支持方面,可以使讲解装置适应不同的语言和文化背景,以满足不同地域、国籍观众的需求,提高交互的质量和效率。

博物馆展览策划场景里,通过文本挖掘、主题提取等技术,快速高效地分析并提取与展览主题相关的信息,自动化生成展览大纲,从而大大提高策划效率,还可参与到博物馆的展览测评中,根据测评模型生成展览的测评结果并给出相关建议,辅助策展人提升优化展览。

博物馆藏品管理场景里,对归类清晰的文物信息,可以进行智能分类,如不同文物类型的分类、不同年代的分类、不同材质的分类等,以实现文物信息的有序管理。这些整理后的文物照片、文字信息、音频和视频资料等丰富的信息,可以为博物馆的藏品保护工作提供重要的资料支持。

博物馆文创开发场景里，可帮助文创产品开发者快速处理大量背景信息，包括文物和藏品信息、历史故事等，从而提供更多信息支持，挖掘历史文化内涵，为文创产品开发提供可靠的依据，提升文创产品的文化品位和创新，还可实现对文物和藏品的多维度呈现，为文创产品设计提供新的灵感和思路，从而打造更具品位和差异化的文创产品。

博物馆科研场景里，可提供信息整合和研究的高效方法来建立语义关系和知识图谱，以更深入、全面地研究文物、遗迹和文化等信息。通过智能分析和语义关联技术，构建信息的知识图谱，将相关信息可视化呈现，清晰展示信息之间的关系，还可自动识别文物、遗迹和文化信息之间的联系，将藏品的属性信息之间相互的联系和影响进行自动整合，提高研究时对藏品理解的深度和精度。

二、数字孪生与元宇宙

提到当下全球都在重点关注的数字孪生和元宇宙，就不得不先了解 VR、AR、MR、XR 等虚拟现实技术概念，这些技术概念虽然都是基于虚拟数字技术，但也有明显区别。

VR 虚拟现实，是虚拟和现实相互结合，可以创建和体验虚拟世界的计算机仿真系统，生成模拟环境，使用户沉浸其中。VR 是将现实世界屏蔽掉的虚拟内容，通过完全置身于虚拟世界中来提供一种全新的体验。

AR 增强现实，是将虚拟信息与真实世界巧妙融合的技术，广泛运用三维建模、实时跟踪等多种技术手段，将计算机生成的虚拟信息模拟仿真后，从而"增强"对真实世界的虚拟内容的体验。

MR混合现实,是虚拟现实技术的进一步发展,该技术通过在现实场景呈现虚拟场景信息,在现实世界、虚拟世界和用户之间搭建一个交互反馈的信息回路,增强用户体验的真实感。MR是虚拟内容和现实世界相互作用,结合了AR和VR技术的优点,提供了更加复杂、真实的交互体验。如重庆中国三峡博物馆将MR技术应用到清末的《增广重庆地舆全图》中,观众通过全息设备,仿佛置身于清末的重庆街道,游览在街道、店铺、码头等场景中,通过虚实内容的相互结合与互动,理解文物内在的故事,从而提供了全新的交互式参观模式的范本,通过与文化历史的"对话"为博物馆的智慧传播带来了全息体验。

XR扩展现实,是通过计算机将真实与虚拟相结合,是可人机交互的虚拟环境,XR是一个总称,包括了虚拟现实VR、AR增强现实和MR混合现实,分为多个层次,从通过有限传感器输入的虚拟世界到完全沉浸式的虚拟世界。通过融合VR、AR、MR三者的视觉交互技术,为体验者带来虚拟世界与现实世界之间无缝转换的沉浸感。

数字孪生的概念最初来自航空航天领域,是一种将物理实体的数字表示与其实时数据和环境信息相结合的技术,它能够为物理实体的设计、测试、操作和维护提供全面的视角和数据支持,实现了物理世界与数字世界的紧密结合,可用于仿真、优化、预测和监测物理实体的运行状态、性能和行为,并为决策者提供全面的数据支持。

数字孪生博物馆是智慧博物馆升级"元"生态的实现形态,是

图6-5 数字孪生博物馆示意图

智慧博物馆的高级阶段，综合运用3D可视化、数字多媒体集成、人工智能、信息技术、数字化、虚拟现实、物联网、云计算、移动互联等现代技术，在虚拟世界构建数字博物馆与博物馆实体的交互映射，形成以博物馆业务需求为核心，以不断创新技术手段为支撑，实体馆与虚拟馆相结合的博物馆持续发展新生态。以超精细三维数字复原技术，实现博物馆建筑内外的1∶1三维数字孪生，运用物联、人工智能、云计算等赋能博物馆数字保护、数字管理和数字服务，并且可对接业务数据、物联感知数据、环境天气、观众分析等多维实时动态数据，赋能智慧博物馆建设，开启博物馆元宇宙模式。

2023年5月18日国际博物馆日，故宫博物院与腾讯联合打造的联合创新实验室落地运营。统一该实验室是新型文物数据智慧化采集的科研实体，应用了数字孪生、虚拟演播、云音视频创作等

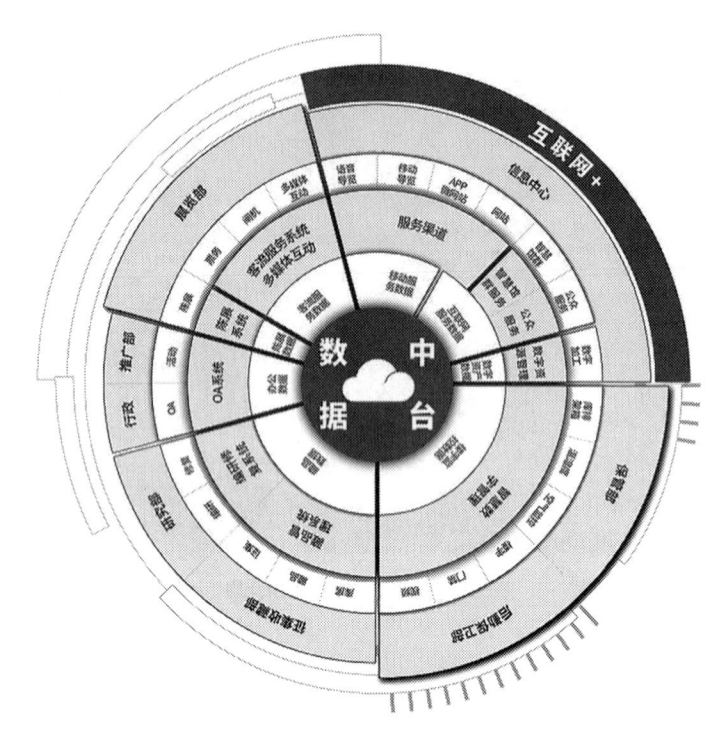

图6-6 数字孪生智慧博物馆生态框架参考图

下一代互联网技术,加速文物数字资源采集、加工、展示的全流程智能化管理,助力故宫百万件文物的数字化采集与利用,数字孪生技术在该实验室运行过程中发挥着打造智慧的建筑生命体、支撑文博智慧化管理和创新等重要作用。

该实验室打造的"数字孪生智慧管理平台"以相关核心技术实现空间高精度建模、物联网可视化监测、设备与采集等多源数据融通,构建安全第一、标准规范、高效的文物数据采集数字化全流程。该平台在线上复刻了建筑体的样貌和结构,同时依托物联感知能力,集成和联动了实验室拍摄、照明、环境、能耗、仓储等多重设备的

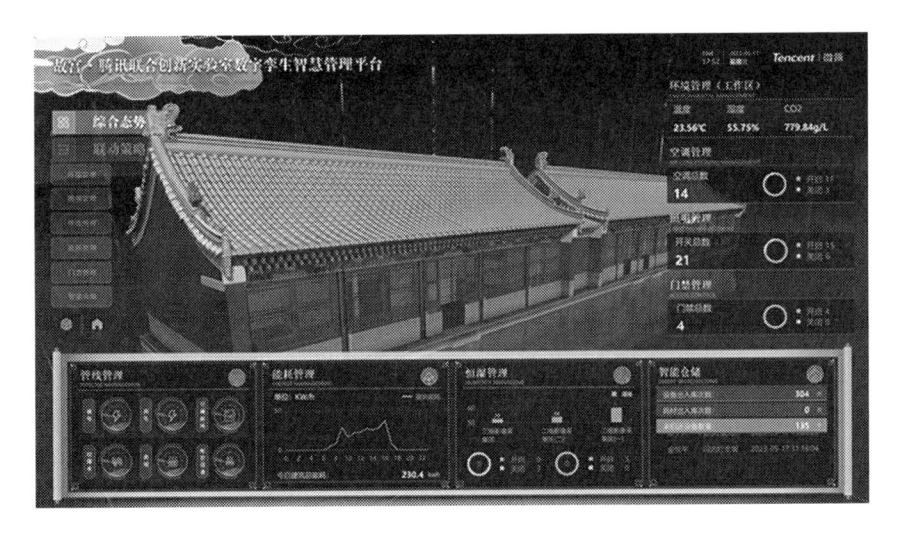

图6-7 故宫联合创新实验室数字孪生智慧管理平台示意图

运行信息,通过全域感知和高精度建模还原,构建出一个与实体建筑互联互通的数字孪生空间。平台依托数字孪生技术打造了智慧大脑和指挥中心,注入更多智能化的内涵,可控制管线管理、能耗管理、恒湿管理、智能仓储、门禁管理、照明管理、环境管理,实现综合态势的展现和设备之间的联动策略。对于检测系统和安防系统,则通过对水、气、电情况,及烟雾、火灾、入侵等要素实时监测和预警,实现统一监控、异常报警的联动处置,保障文物与建筑安全。另外,该数字孪生智慧管理平台可融合多种前沿技术,预留了足够多的软硬件升级接口和空间,为迭代升级打好基础。

2018年中国国家博物馆开始智慧国博的建设,按照透彻感知、泛在互联、智慧融合、自主学习、迭代提升的技术路径推进,智慧国博建设以数字孪生为基础和关键,利用数字孪生技术对藏品、展览和场馆都进行了数字化。首先,是藏品的数字孪生,通过数字采集

/ 147 /

形成高度还原的藏品数字孪生体,构建起对藏品文物考古、征藏、研究、展陈、教育、传播等多维度、全生命周期的数据管理。其次,是展览的数字孪生,利用数字影像技术在虚拟网络空间再现展览,既能令观众得到增强现实的体验,也能线上云构建虚拟展厅。最后,是场馆的数字孪生,利用BIM建筑信息模型、GIS地理信息系统等技术,整合场馆内外1∶1数字孪生,实现场馆的实时监控管理。国内很多博物馆的数字化进程还处于藏品的数字化阶段,智慧博物馆则要求对展览、展馆、观众等都实现数字化管理,国家博物馆作为国家的"文化客厅"带头进行了实践探索。在2023年国家博物馆还推出了智慧展厅,观众能看到如何对文物进行数据采集、对文物状况进行监控,以及文物的多元化呈现等,并创新实践了大量前沿科技的交叉融合应用,象征着博物馆数字化进入了一个全新的阶段。越来越多的博物馆开始应用3D数字空间建模、数字孪生、实时云渲染等技术,让观众沉浸式体验观看文物,感受"数字文物"魅力,如2023年8月开馆的浙江省博物馆之江馆区建设的数字化展厅成为国内首批设立的数字文物展厅,有效推动了数字文博创新融合发展。

三星堆博物馆则应用数字孪生技术打造运营中心,系统推进智慧博物馆的建设,在实体博物馆的还原映射上,数字孪生运营中心系统以L3精度为标准,针对新馆主体建筑及精品藏品进行了精细化建模和细节复刻,并高精度还原三星堆博物馆园区其他建筑实体、道路、景观等内容,在虚拟空间中以数字化形式实现真实世界实时同步。针对核心业务场景,数字孪生运营中心系统通过对接票务系统、智慧讲解、智慧导览、物联管控、文物监测等业务系统，帮助管理人员实现场馆相关业务的高度集成、统一管理。如旅客服务优化方面，通过对票务、门户访问等游客端数据的汇聚和重点指标分析，可以在数字孪生系统中帮助三星堆博物馆管理人员进行游客画像分析，并通过综合对比场馆公众服务数据等，掌握整体游客服务效果情况，探索更好的服务方式；设备智慧巡检方面，由于馆内设施设备数量繁多，设备类型、品牌繁杂，通过传统的维护巡检方式需要花费大量的时间和成本，数字孪生运营中心系统通过对接物联管控系统，统筹设备运行数据，实现实时在线巡检，自动呈现各展厅场景中设施设备的位置及运行状态；安全动态实时监测方面，数字孪生运营中心系统通过接入物联设备运行态势、场馆建筑能效、环境空间监测、视频监控、安防告警等多个智能化系统信息，将数据信息在可视化界面中加以融合和呈现，为馆方高效调整管理方案提供决策依据。

随着5G网络、人工智能、区块链、边缘计算和VR、AR显示技术的可实现度越来越高，技术成熟度上为元宇宙的爆发创造了条件，目前普遍认为2020年是人类社会虚拟化的临界点，而2021年是元宇宙元年。当前对元宇宙并无一个公认的权威定义，2021年清华大学新媒体研究中心发布的《2020—2021年元宇宙发展研究报告》中尝试定义："元宇宙是整合多种新技术而产生的新型虚实相融的互联网应用和社会形态，它基于扩展现实技术提供沉浸式体验，基于数字孪生技术生成现实世界的镜像，基于区块链技术搭建经济体系，将虚拟世界与现实世界在经济系统、社交系统、身份系统上密切融合,并且允许每个用户进行内容生产和世界编辑。"但同时也声明了元宇宙仍是一个不断发展、演变的概念,不同参与者以自己的方式不断丰富着它的含义。总的来说,元宇宙更像一种抽象的概念,是一个虚拟的三维世界,由数字内容和物理世界中的现实世界相互交织、互动和融合的虚拟空间,能够提供各种虚拟体验,例如虚拟现实、增强现实、虚拟社交、虚拟经济等,可以理解为就是在现实世界的技术架构上,创造出的另一个虚拟的"平行世界"。它是一个具有高度互动性、沉浸感和自由度的数字化世界,具备互联互通的始终在线的参与、沉浸式体验、去中心化、隐私性、互动性和开放性等明显特征,在元宇宙中,人们可以在其中创造、交流和体验各种虚拟现实的内容,如创建虚拟化身、探索虚拟地图、参与虚拟活动,甚至可以进行虚拟交易和虚拟投资,实现更加立体、身临其境地感知虚拟世界,在这个虚拟世界中所有人是连接在一起的。元宇宙是一个新兴的概念,很多人对此不好理解,简单来说元宇宙是一个虚拟的、沉浸式的数字世界,它融合了多种技术,如虚拟现实、增强现实、区块链、人工智能等,为用户提供了一种全新的交互和体验方式。在元宇宙中,用户可以通过虚拟化身进入一个仿佛真实存在的数字环境,与其他用户进行互动、社交、娱乐、工作等。元宇宙的应用场景非常广泛,包括游戏、教育、艺术、娱乐、金融等领域。元宇宙的出现,为人们提供了更多的可能性和机遇。它可以打破现实世界的限制,让人们在虚拟世界中体验到更多的乐趣和便利,同时,元宇宙也带来了一些挑战,如法律法规、隐私保护、技术安全等问题需要解决。总的来说,元宇宙是一个充满潜力和发展前景的领域,它正在逐渐改变人们的生活和工作方式。但是,它仍然处于发展的初期阶段,需要不断地探索和创新,才能实现其真正的价值和意义。

2022年初,60位博物馆馆长、学者联名发布《关于博物馆积极参与建构元宇宙的倡议》,呼吁博物馆顺应时代发展,发挥自身优势,积极参与建构元宇宙。该倡议提出元宇宙是"人类+技术"的最新应用,是"真实+虚拟"的生活方式,是"过去+现在+未来"的永恒时空,认为元宇宙在对现实世界的虚拟化、数字化过程中,需要大量来源于实体世界的物质标本和精神世界的文化元素,以建构与真实社会体系融合的数字生活空间。而现实世界里同时拥有丰富物质标本和文化元素的最佳场所,非博物馆莫属。博物馆的宗旨和理念与元宇宙是相通的,博物馆的未来和使命与元宇宙是相融的。并针对建构元宇宙提出"资源共享,普惠互利""场景共创,发展自己""标准共建,与时俱进"和"责任共担,守正创新"这四点倡议,指出数字资源开放共享正日益成为全球博物馆普遍认同的行为准则,更是博物馆参与建构元宇宙的必由之路。认为博物馆要认识到自身的资源优势,发挥研究、展陈、教育的功能特长,在参与建构元宇宙中实现博物馆自身的高质量发展。呼吁面对元宇宙,博物馆应与时俱进地把握新机遇、迎接新挑战,积极主动参与建构元宇宙,探索博物馆领域元宇宙建设标准规范,在相关主题的国际对话中发出中国声音。强调融入元宇宙只是博物馆顺应社会发展浪潮迈出的最新一步,这既不是博物馆的首次变革,也绝不会是最后一次。

需要注意的是,很多人认为元宇宙与数字孪生的区别不大,元宇宙是数字孪生在技术层面的进阶与优化。其实不然,元宇宙和数字孪生虽然都属于用数字技术构建虚拟空间,但两者的概念不同。首先,建设定位不同,元宇宙是人类科学技术发展到一定程度自然而然,且正在形成的一种新的社会形态,数字孪生是新一代信息技术不断发展和应用的产物,数字孪生的概念更偏向于技术应用层面。其次,作用维度不同,元宇宙不限于物理世界,元宇宙作为一个独立的世界,一方面能够映射物理世界,优化物理世界的不同场景,另一方面也能够突破物理世界规则的现实,实现虚拟世界创造,数字孪生的作用维度和作用基点是物理世界,通过新一代信息技术不断完善优化物理世界的各种场景;最后,作用范围不同,元宇宙不仅作用于人类的物质生活,更是作用于人类的精神世界,数字孪生在不断改变我们的生活,作用在生活中的各个场景,但是也仅仅作用于人类的物质生活层面。元宇宙是个比数字孪生更庞大、更复杂的体系,虽然元宇宙和数字孪生都关注现实物理世界和虚拟数字世界的连接和交互,但两者的本质区别在于它们的出发点完全不同,元宇宙是直接面向人的,而数字孪生是首先面向物的。

数字孪生作为一种虚拟世界与现实社会相交互的平台技术,是构建元宇宙的一块基石。元宇宙拥有完整的经济逻辑,数据、物体、内容以及IP都可以在元宇宙中存在,其核心在于永续性、实时性、多终端、经济功能、可连接性和可创造性,数字孪生与VR、AR、MR、XR、人工智能、区块链、物联网、5G网络、边缘计算、全息影像等前沿技术的协同创新,有望让元宇宙从概念变成成熟的产品,带

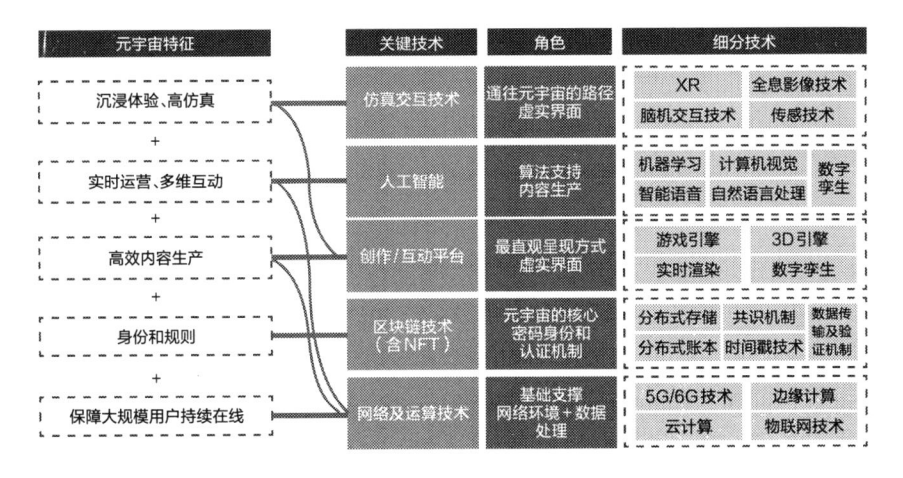

元宇宙特征	关键技术	角色	细分技术
沉浸体验、高仿真	仿真交互技术	通往元宇宙的路径 虚实界面	XR / 全息影像技术 / 脑机交互技术 / 传感技术
+ 实时运营、多维互动	人工智能	算法支持 内容生产	机器学习 / 计算机视觉 / 数字孪生 / 智能语音 / 自然语言处理
+ 高效内容生产	创作/互动平台	最直观呈现方式 虚实界面	游戏引擎 / 3D引擎 / 实时渲染 / 数字孪生
+ 身份和规则	区块链技术（含NFT）	元宇宙的核心 密码身份和 认证机制	分布式存储 / 共识机制 / 数据传输及验证机制 / 分布式账本 / 时间戳技术
+ 保障大规模用户持续在线	网络及运算技术	基础支撑 网络环境+数据处理	5G/6G技术 / 边缘计算 / 云计算 / 物联网技术

图6-8　元宇宙关键技术构成关系示意图

动新兴产业的发展。

2022年是文博行业的虚拟数字人元年，多地文博单位开始陆续推出虚拟员工，如2022年7月22日，在中国国家博物馆创建110周年之际，国博正式推出首个虚拟数智人"艾雯雯"，"艾"通"AI"，也通"爱"，"雯"通"文"，名字寓意AI（人工智能）为技术基础，对文物和中华文明的热爱。"艾雯雯"是一个出生于2000年5月4日的女孩，新世纪龙的传人，秉承五四精神的新时代青年，她就是依靠数字孪生、人工智能等前沿科技，通过骨骼绑定、高灵敏度光学动作捕捉、布料毛发解算和游戏级实时渲染等技术，实现动态活化和场景融合，赋予"艾雯雯"灵动自如的动作和生动的表情，让静态的数字模型真正"活"起来，再借助三维与实景视频合成渲染技术和精准还原的三维透视空间关系，让"艾雯雯"走进现实场景。智慧融合，数字赋能，虚拟数智人"艾雯雯"的入职，开启了国家博物馆"上云用数赋智"新的打开方式，"艾雯雯"将在国博收藏、研究、展示、对外交流等不同岗位深入学习后,逐渐在线上线下平台为观众讲好国博故事,讲好中国故事。国博的另外一个虚拟数智人"仝古今"在2023年初首次通过短视频与观众见面,"仝"字由人和工组成,象征人工智能,字音近"通",代表历史与现实的贯通、线上与线下的联通、展览与观众的沟通。"仝古今"全名寓意在人工智能技术牵引下,国博虚拟数智人立足国博丰富的馆藏和展览体系,探寻文化之源、展现文化之美、彰显文化之魂,在展厅和云端同时讲好中国故事,既讲好中华文明悠久辉煌的历史故事,也讲好中华民族催人奋进的当代故事。

图6-9 国博虚拟数智人"艾雯雯"和"仝古今"

数智人是一种新型虚拟形象,是一种通过数字孪生、人工智能等技术模拟出来的虚拟人类,能够进行智能的语音交互、视觉识别和情感体验等。国博的虚拟数智人"艾雯雯"主要从事策展工作,为观众展示文物和中华文明的魅力,虚拟数智人"仝古今"则专注于文物保护修复工作,将新技术与传统工艺相结合,关注和改善文物保存条件,让珍贵文物以最佳状态展示给观众。这两个虚拟数智人不仅是中国国家博物馆的形象大使,还是称职的讲解员,他们为观众讲述中华文明的历史和当代故事。目前已有很多地方博物馆开始了虚拟人的打造,如2023年5月陕西举办的"博物馆与美好生活"文博之夜活动开幕式上,陕西省文物局发布了"周知礼""秦威武""汉英俊""唐美丽"这四个虚拟数智人作为陕西文物智慧推荐官。智慧推荐官将利用数字技术突破时空限制,链接历史与现代,用"文化+科技"的方式展现陕西传统文化魅力,以现代化视角再现历史荣耀,在传承经典文化的同时不断挖掘传统文化新的精神内涵,为公众提供更加丰富、便捷、精准、个性化的服务,提高公众对文物的认识、理解和参与度,促进文化遗产的传承和发展,承担起中华历史文化传承创新的时代使命。这些创新的虚拟数智人的展示方式有助于推动文物活化利用,以数字科技促进新型文博业态发展,连接过去、现在和未来,为人们提供更加丰富的文化体验。

第二节 数智赋能智慧博物馆的实践

智慧博物馆的概念最早源于2008年IBM提出的智慧地球,其特征为更透彻地感知、更全面的互联互通和更深入的智能化,2012年在IBM的支持下,卢浮宫成为全球第一个智慧博物馆建设案例。国家文物局也是在这一年组织的"中国智慧博物馆建设可行性研究"重点课题上提出了我国智慧博物馆建设具体内容和发展思路,从2014年3月中国国家文物局确定广东省博物馆、甘肃省博物馆、金沙遗址博物馆、苏州博物馆、山西博物院等7家博物馆试点智慧博物馆建设开始,标志着我国博物馆正式进入智慧博物馆建设阶段,随后故宫博物院、中国国家博物馆、敦煌研究院等几十家博物馆也开始智慧博物馆的建设,成果案例日益丰富。

2022年6月27日,中国国家博物馆举办了"智慧博物馆论坛"主题研讨活动,会议以"科技让我们遇见更美好的未来"为主题,与国内高校和文博行业的专家学者、博物馆领域头部企业等共同探讨智慧博物馆的发展建设,展望未来。①论坛从前沿理论、实践探索、关键技术等方面展开研讨,提出了智慧博物馆的理论模型,展示了博物馆行业在智慧博物馆建设过程中所开展的实际研究和应用,同时就智慧博物馆建设涉及的元宇宙、AR、边缘计算等关键技术及应用进行了探讨和展望,并就智慧博物馆的概念、本质等问题进行了讨论,指出智慧博物馆应注重价值服务。与会专家达成普遍共识,认为目前数字资产已经成为一种新的博物馆核心资产形式,智慧博物馆的建设是对传统博物馆运营模式的流程再造。智慧博物馆建设首先应该做好顶层设计,使科学技术为实际需求场景服务,加强关键技术的研发投入,为更好地阐释、展示文物所蕴含的价值服务。

智慧博物馆建设是信息时代下的必然趋势,是当代博物馆人的责任与使命,国内文博领域专家普遍达成共识:一是践行国家文化大数据战略,充分尊重和挖掘博物馆数据要素的价值,不断探索发展路径;二是加快智慧博物馆关键技术研究,保障智慧博物馆高效快速地开展建设工作;三是优质融合技术与理论,形成智慧博物馆建设理论,转变思维模式,用

---

① 郭艳艳、李华飙、车大为,等:《科技让我们遇见更美好的未来——智慧博物馆论坛综述》[J],《中国国家博物馆馆刊》,2022年第8期,第29-36页。

新理念、新方法推动博物馆理论与技术的深度融合。各地在推进智慧博物馆建设中的数字化、智慧化实践探索中,在前沿技术应用、标准规范制定、内部业务管理和外部业务服务等方面积累了丰富的实践经验。

一、故宫博物院

进入新时代,故宫博物院开始着力"数字故宫""平安故宫""学术故宫""活力故宫"的"四个故宫"建设,目前"数字故宫"体系从纵向分为基础层、资源层和应用层三个层次。基础层包括各种网络建设、5G等数字基建,资源层是各种类型的故宫文化数字资源集群,应用层涵盖了目前所有的数字平台和终端,形成矩阵效应。

多平台可持续性的公众分享离不开持续不断的文化数字资源生产,经过20余年的不断发展,故宫博物院已经建立了比较完善的文物数据采集流程和资源生产体系,持续改进文物影像采集和加工流程,采用标准化作业模式,目前相关成果正在进行转化形成行业标准。2023年故宫腾讯联合创新实验室落成,这标志着故宫文物数据采集进入了新的阶段。

针对不同观众的需求,还进一步开发了更为专业的数字资源服务平台,包括专门针对超高清书画的"故宫名画记",针对古建筑的"全景故宫"。这些高质量数据库,可以为观众提供欣赏故宫文物藏品的全新渠道,也为专家学者提供更全面和丰富的影像资料。

在建设端门数字馆后,故宫博物院为让有限空间满足展览展示、教学等多种功能,将故宫博物院多年来积累的大量数字资源作为展品,用先进的数字设备做展柜,以多样的数字展示交互技术装备为手段,打造一个全数字形态的文物展示研学场所,开始建设故宫大高玄殿数字馆。故宫博物院将继续守正创新,为满足人民文化生活新期待提供更加全面、多元的展品,为践行新发展理念,推动文物事业高质量发展贡献更多更大的力量。

二、中国国家博物馆

中国国家博物馆是代表国家收藏、研究、展示、阐释能够充分反映中华优秀传统文化、革命文化和社会主义先进文化代表性物证的国家历史文化艺术殿堂和文化客厅。自2018年国博就开始启动以数据为核心的智慧国博建设,按照透彻感知、泛在互联、智慧融合、自主学习、迭代提升这五条技术路线推动智慧博物馆建设。在透彻感知层面开展数据采集工作,各类数据经过泛在互联网络,汇聚到中国国家博物馆私有云平台和国博大数据中心进行数据融合,进而支撑智慧大脑进行数据分析与决策,然后提供给综合运行平台执行。经过时间积累,大量数据将为自主学习提供必要基础,并最终在实践经验中归纳总结出标准体系,对智慧国博建设进行评估与反馈,实现迭代提升。

针对我国智慧博物馆缺乏统一标准规范问题,中国国家博物馆率先提出了智慧博物馆标准体系,包括建设标准、技术标准、评估标准,标准之间互相补充、互相依存,目前已研究制定了12项相关标准,提升了智慧博物馆建设的科学性、系统性和规范性。以数据为驱动,智慧博物馆建设已助力博物馆在组织管理、核心业务、社会服务等方面取得较大进展。在组织管理方面,搭建了综合工作平台,使80%以上的业务通过线上办理,效率相比以往有了大幅提升。

目前,中国国家博物馆已经完成了藏品大数据平台、文物数据采集、虚拟展厅、设备管控和数据融合系统、馆长驾驶舱等智慧化建设和应用,尽管智慧博物馆建设已经取得了一些进展,但仍然面临着许多挑战。首先,需要扩大数据生产规模,主要是加大数据采集力度,做好数据的安全存储和异地灾备;其次,需要建立数据流转机制,完善文物数据授权管理办法,尤其是要加强文物数据的监管体系建设,研发文物数据确权追溯技术;最后,需要加强国际合作,拓展创新领域,同海外国家共建大数据和云计算中心,推动流失海外文物的数字化回归等。

在博物馆发展经历了信息化、数字化,正朝着智慧化大步迈进的今天,中国国家博物馆持续牵头召开智慧博物馆论坛,紧跟技术发展潮流,交流智慧博物馆建设中可用、好用的新理念、新技术、新方法。把国家博物馆的新经验、新探索分享给行业,并与同行共同探讨发展瓶颈,带动行业发展,发挥行业领头雁的作用。智慧博物馆论坛从第一届的探索数字技术,到第二届提出智慧博物馆的理论框架,再到第三届对博物馆大数据的探索,见证着智慧博物馆发展的过程,也伴随着智慧博物馆的发展不断前行,力求能展示最新的理论、技术和应用成果。该论坛已成为我国智慧博物馆建设研究、交流、展示的重要平台,每年定期举办,推动智慧博物馆建设不断进步。

三、湖南博物院

展览是博物馆最重要的一个生产内容板块,也是一项最重要的工作。湖南博物院一直在探索做什么样的展览,怎么做展览。"听·见湖湘——湖南音乐文物与故事展",其举办背景是基于"十三五"国家重点研发计划课题"基于知识图谱的文物展览展示关键技术研究与示范"而策划的,是一个实验性的展览。看展览有两种方式,一是获取知识,二是培育兴趣,"听·见湖湘——湖南音乐文物与故事展"则是以为观众提供知识为目的而做的一个实验性展览。

通过该实验,有关知识图谱对博物馆的展览展示的作用有以下几点:一是展览内容越有深度、广度和关联度,文物知识图谱越能够将多元异构的文物信息整合,生成一些多模态紧密关联的可视化知识图谱,形成展览知识及相关学科整体的知识框架;二是观众获取知识更具选择自由度,根据知识图谱中知识网络的链接能力、语义处理能力,可以快捷、低成本去获取文物所关联的深层次知识,同时也可以基于推理发现暗藏的知识,引导观众在探索交互中获得文物器型的知识,打破展览中的信息孤岛;三是增强展览的互动性和沉浸式体验,以知识图谱为平台,可以有效整合计算机视觉、听觉、触觉、嗅觉以及动作、心理识别等多感官智能感知技术;四是展览知识构建智能化水平将不断提升,基于知识图谱的引擎和技术框架,结合机器的深度学习,可以不断优化已有展览知识体系中不准、不全、不够灵活的地方,让不同领域的知识按照统一的方式和规范被提炼和积累,在很大程度上突破展览的成本和时空的限制;五是赋能文博行业整体的创新升级,知识图谱作为博物馆的数字资产,具有可复制、可共享、可无限增长供给的禀赋,对推动展览的可持续发展、延长生命周期具有重大意义。

四、苏州博物馆

苏州博物馆是2014年国家文物局首批智慧博物馆试点单位,在此之前,苏州博物馆就做了很多数字资源和业务信息化的整理工作,尤其针对较有特色的100余种馆藏古籍进行了数字化整理,建立了一个家谱数据库。在2011年至2012年,苏州博物馆又集中推出了两种应用:一是面向观众的智能终端服务;二是与百度百科合作的数字博物馆展示。

苏州博物馆智慧博物馆项目分为两期,第一期主要是数字化资源的管理、智能导览、文物修复、博物馆门户网站、数字观众管理、基本陈列、文创产品以及可移动的监控平台;第二期着重应用方面,比如画屏多媒体、文创销售管理系统以及博物馆观众全预约系统。

苏州博物馆在展览中也设置了交互游戏,让观众在体验当中增加参观乐趣。比如吴门书画知识图谱,根据馆藏,选取了20件代表性书画作品,把所有相关的画面、印章、题跋、人物进行解读,并且做成青少年教育展项,通过游戏化的展示来增进他们对吴门画派的了解。

苏州博物馆的智慧博物馆建设深化主要体现在三个方面:一是管理的智慧化;二是观众的参与;三是科技赋能。每个层级的管理人员可以依据大数据平台的数据反馈做出合理高效的决策。同时,还做了5G讲堂,并通过AI技术把苏州博物馆两馆的基本陈列自动灌录成苏州话讲解版本,正在探索数字人的淘宝直播。苏博基于物联网、GIS等技术,建设安全、舒适、高效、低碳的博物馆楼宇综合管理平台,提升博物馆智慧管理和可持续发展能力;基于模块式灵活设计、网络通信等技术,建设信息传递网络化、信息检索智能化、用户使用便利化的博物馆信息化弱电系统,提高博物馆信息化支撑系统的协同、共享、高效水平;基于视频智能分析、多种入侵探测等技术,建设智能采集、智能识别、智能决策分析优化、智能联动响应的博物馆防管控一体化安防系统,提升博物馆安保工作的自动化水平;基于大数据、人工智能、数字化等技术,建设全面透彻感知、宽带泛在互联、智能融合应用的"两馆合一"智慧博物馆。实现建筑、弱电、安防与信息系统整体设计、整体施工,这尚属国内首次成功创新,苏博人正在通过数字化、智能化勾勒出智慧博物馆的动人篇章,打造人文科技新高地。

五、敦煌研究院

敦煌藏经洞是中国20世纪最伟大的考古发现之一,洞窟内藏有公元4世纪到公元11世纪的经卷、文书、绢画等6万余件文物,被称为"打开世界中世纪历史的钥匙",敦煌壁画有45000平方米,共有735个洞窟,其中有492个洞窟有彩塑和壁画,面对如此浩瀚的数据,如何让观众很精准地找到他想要的数据,再经过创造去发挥这些数据的价值是一个大课题。

为解决以上难题,敦煌研究院与腾讯联合打造了全球首个基于区块链的数字文化遗产开放共享平台"数字敦煌开放素材库"。建设素材库有三个理念:一是开放。敦煌研究院有这么多数据,一定要让这些数据流转起来,让全社会参与进来,才能发挥更多价值,才能激发社会大众共同传播敦煌文化价值。二是共享。在用技术确保数据安全后,敦煌研究院的研究成果经过转化把最正确的数据和最正确的知识提供给社会大众。三是共创。吸引更多人和社会资源加入敦煌资源的创作和可持续利用上来,进而把这个传统文化宝库再进行现代化的转型。敦煌研究院的"数字敦煌"项目是我国智慧博物馆数据库建设的经典案例,将敦煌石窟的壁画、彩塑、建筑、藏经洞出土的文物、遗址周围的环境数字化,将产生的海量文字、图像、音频、视频、三维数据、全景漫游数据,涵盖了所有数字化的成果。目前已完成了近300个洞窟的数字化采集,还有一些三维数据、老照片,以此为支撑,未来,敦煌还将在技术、制度的保障下,逐步开放更多的数字资源。

敦煌研究院数字资源开放利用目前还面临着一些问题：首先，是文物数字资源产权法律保护力度弱。建议文物数字资源的产权问题可以通过文物保护法或者其他行业政策文件予以明确，让开放利用在法律法规的护航下有序开展。其次，是文物数字资源开放授权准入机制尚未建立。建议从行业主管、市场监管层面，建立文物数字资源开放利用主体的准入机制，设立准入资质，引导文物数字资源的规范化、高质量运营。最后，是文物数字资源开放运营及知识产权管理专业人才不足。建议聚焦文物行业特点、文物数字资源开放运营特性，培养从事文物行业授权运营、知识产权研究与管理专业人才队伍。

六、广东省博物馆

2014年，广东省博物馆成为首批智慧博物馆试点单位后，便以数字化手段打破了原有的藏品管理、资源管理、项目管理及审批管理的壁垒，形成数据互联共享，授权、管理、审批一体化的智慧博物馆平台，向内部人员开放藏品数据资源以及相关图片、音视频、三维数据等，搭建了最大程度共享和获取业务数据平台，实现了藏品管理模式质的飞跃。这为后来博物馆在文物活化利用、业务创新、展览活动爆发增长提供了平台和数据的支撑。广东省博物馆智慧平台是国内博物馆信息化应用程度较深、业务覆盖面最广的信息化平台之一，包括22个应用系统。各业务系统相互关联，对数据进行集中统一管理和使用，打破了各项业务之间的壁垒，以智慧化的业务流设计和人性化的组织架构，实现了信息资源共享。其中又以智慧管理为重点，建设了数字管理系统、人力资源管理系统、新媒体管理系统和观众管理系统，实现了信息采集自动化，通过对观众大数据、藏品数据的分析研究，为博物馆管理运营工作的开展提供了信息。同时,广东省博物馆利用藏品管理系统、数字资源管理系统,在内部开放藏品数据资源以及和藏品相关的图片、音视频、三维数据等,实现了藏品管理模式质的飞跃。面向公众,广东省博物馆率先打造了一体化的公众服务系统,利用大数据分析及聚类分析,为观众提供个性化信息服务,无论是到访前的票务预约,到访时的智能导航、文物检索,还是到访后的文创购买、展览推荐,皆以数字技术为介质连接观众,全阶段服务充分体现了博物馆数字化建设的深度与广度。近年来,运用5G、AR、VR、人工智能等现代科技和艺术创新手段活化文物,不断提升云展览参与度和趣味性,通过"展览+演艺"打造沉浸式红色体验,通过"文旅+科技"打造交互式观展体验,如,2021年9月广东省博物馆推出"红色热土,不朽丰碑——沉浸式博物馆之夜"系列活动,演员在展览现场把可感可触的史实还原,为观众打造了沉浸式的参观体验。2022年5月,广东省博物馆"庄严万象——中国水陆画艺术精品展"线上开幕,展览利用三维建模、全景漫游等数字技术在虚拟世界搭建出一座浸入式展厅,展览展示了104个亿级像素的全景场景。

七、上海博物馆

当数字技术融入博物馆后,对博物馆数字化背后的核心要素——数据的看与读,即对数据资源的观察、解读和运用,就成为衡量一个博物馆数字化能否真正进入博物馆核心业务的关键,这也是博物馆数字化转型的题中应有之义。博物馆数据数量大、样本量小,类型复杂、非结构化,采集、关联、分析、呈现难度大,亟待建立通用的标准、实现数据的可扩展、可交换。

目前,博物馆数字化建设中的一个问题是有数据少应用。很多博物馆采集了大量数据,但这些数据都存放在硬盘里面,如果博物馆只是把数字化作为一种提高工作效率的工具或手段,而不是作为改变博物馆整体业务生态的一个引擎,只能得到一种低层次的重复,而不能形成博物馆深层次的改变。2018年上海博物馆数据中心项目初步建成,它是以数据可视化为主要展现手段,以博物馆学为依据开发的一个数据分析和管理系统,涵盖了博物馆收藏、研究、传播三项主要业务功能。通过对藏品数字资源以及其他相关信息的进一步挖掘和整合,以数据的力量和美感,多元融合在虚拟空间当中呈现出实体藏品无法完全传达的意义才是数字阐释的目标。

对于博物馆数字化建设来说,数字人文是其中不可或缺的一部分,上海博物馆在建成数据中心的同时,在国内博物馆界率先开展了数字人文项目的实践,这一项目依托丰富的藏品资源和雄厚的研究基础,试图打通藏品基本数据和研究数据壁垒,试探以数字化技术辅助传统的器物研究。运用数字人文的思路和数据可视化的技术,从"董其昌数字人文展示系统"到"'宋徽宗和他的时代'数字人文专题",开辟了沉浸式之外的,以博物馆藏品信息为基础的数字阐释和叙事的新空间。从"董其昌"到"宋徽宗",不仅是一个由点到面的伸展,而是试图在传统博物馆器物研究的基础上,融入更多的学科背景,让观众能对文物背后的社会情况进行多元的了解。数字人文围绕文人活动,以社会网络关系和历史地理信息为主要立足点,利用人工智能技术,从相关的收藏、艺术流变、人际关系等多个层面,依靠数据关联和量化分析,通过对各类数据进行语义标引和文本分词以及人、事、物、地、时各类数据的全面整合,利用数字技术去解构学术高度,进而采取一种更美观、通俗的表达,这是数据可视化、数字人文的一大亮点。

八、金沙遗址博物馆

金沙遗址博物馆自2014年3月被国家文物局列为全国7家智慧博物馆试点单位之一,开始进行"智慧金沙"的建设之旅,博物馆制定了统一的数据融合与交换标准,通过统一的顶层设计搭建起智慧保护、智慧管理和智慧服务的智慧博物馆基本体系框架,构建起较为完善的文化遗产保护体系、统一的综合信息管理平台和以观众为本的智慧融合服务体系,也为博物馆未来的创新发展开拓出全新途径。

目前,金沙遗址博物馆在智慧化建设上成果丰硕,涵盖方方面面。如在数据采集与文物保护方面,搭建起文化遗产保护体系。建立了全面的遗址和精品文物保护数据库。同时构建了覆盖全馆的文物保存环境监测系统,并建立区域监测中心,实时掌握和展示文物的保存环境状况,为文物智慧化保护奠定基础。

在业务管理方面,建成"智慧金沙"综合信息管理平台。重构面向博物馆应用集成的一站式工作门户,为业务人员提供统一访问入口;建成以协同办公、项目管理、内控管理为主的业务协同一体化系统;建成以藏品、数字资源、文物自动三维建模、博物馆运营管理为主的核心数据资源管理共享体系。

在公众服务方面,推出智慧融合服务体系。通过大众版、青少年版、学术版、英文版等多版本官方网站,让不同的观众便捷地获取关于古蜀金沙的海量信息;智能售检票系统实现博物馆全网预约购票,将测温、身份信息读取与检票集成,在保障安全的同时让观众快速入馆;推出多元化的参观导览服务,开发了智慧金沙导览系统,"再现金沙"VR眼镜、"创意金沙"AR等沉浸式体验项目,深挖遗址和展品背后的故事,为游客开启高品质的文化之旅。

此外,金沙遗址博物馆还推出了云观展平台,通过VR精灵小金的生动讲解,带领观众穿梭在立体的场景中,引领观众线上参观。

相关专家强调,智慧博物馆建设是一项十分复杂庞大的系统工程,不能一蹴而就,金沙遗址博物馆将不断满足不同观众的文化需求,逐步构建博物馆智慧保护、智慧管理、智慧服务的生态体系,为博物馆持续创新发展提供良好的基础支撑。

九、三星堆博物馆

三星堆博物馆新馆依托移动互联网、云计算、大数据、物联网、人工智能等技术,搭建了包含综合管理平台、智慧导览系统、智慧讲解系统、票务系统、藏品管理系统、学术资源管理系统、文物在线监测、门户及公共服务资源等在内的智慧博物馆系统,让博物馆更"聪明"和"善解人意"。

在基础设施方面,三星堆已完成基础网络设施建设与计算设备部署,完成了网络的全面覆盖,并建有独立机房用于存储包括三维数字文物扫描数据在内的多种数字资源,涉及财务、党政等业务专网已经与上级部门打通,展览馆内闸机、安防设备、导览设备等配备齐全。

在数字化信息系统建设方面,三星堆已根据业务建设多个信息系统并投入使用,包括票务系统、安防监控系统、藏品管理系统、文物检测系统等,基本满足数字化基础功能。

在数字化宣传方面,随着信息技术的发展以及自媒体平台的兴起,三星堆与时俱进形成包括网站、微博、微信公众号、微信视频号、抖音号在内的博物馆自媒体矩阵,通过国内国外社交平台将三星堆文化推向世界。

在文物数字保护方面,博物馆从2016年起已先后实施三期文物数字保护项目,完成绝大部分文物的高精度采集,并建立三星堆文物数字资源管理系统对文物资源进行统一管理。

在数字化成果利用方面,三星堆文物数字化成果已被广泛地运用在陈列展览、文物保护、导览服务、文化传播、文创开发等多个领域,有效提升群众的游览体验。

在文物保护和学术研究基础上,助力申遗还需要通过数字化传播推广三星堆文化,提高人们对三星堆的专业认知。为此,三星堆将传统的数字资源进行整合活化利用,将文物数字资源依托官方网站和微信公众号建立虚拟数字博物馆和数字云展厅,为观众提供VR全景数字展览和文物二维、三维数据的浏览服务。

为更进一步利用数字化传播扩大文化遗产的影响力。三星堆博物馆主动拓宽数字化传播渠道,从移动平台"云直播",逐渐扩展为更多样化的文物数字资源的二创展示,从严肃的文物中具象出更加鲜活的形象,真正让文物"开口说话"。目前三星堆博物馆联合连耦科技有限公司共同开发MR导览项目《古蜀幻地》,通过佩戴MR眼镜,游客打破博物馆的时空界限,近距离体验古蜀文化的奇幻场景。近期,三星堆博物馆还联合多家单位、企业共同主办"触梦三星堆——12K沉浸式数字展",展览采用12K数字技术将文化与科技深度融合,以央视频推出的《12K微距看国宝》为素材,清晰再现古蜀文明神秘面纱之后的绝美面容。

三星堆博物馆将打造一个将文物、遗迹和智慧城市融于一体的智能生态系统链,突破藏品展陈的时空限制,丰富藏品的展陈方式,扩展展陈内容,提升与观众的互动,让观众能够更加深入地体验古蜀国所创造的灿烂文明。

十、山西博物院

2014年起,国家文物局启动智慧博物馆建设工作,山西博物院等7家博物馆作为试点单位,开启了智慧博物馆建设进程。目前,山西博物院智慧博物馆建设已取得了显著成效,编制了《山西博物院智慧博物馆建设可行性研究报告》,下功夫利用科学新技术在博物馆服务、管理、保护等多方面开展工作。

在智慧服务方面,智慧导览系统为观众提供了参观路线,对重点文物进行解说,目前有山西博物院导览APP、微信语音导览、AR眼镜讲解等全新服务。院藏古籍善本数字化平台对古籍善本数字化成果存储管理,并对重点古籍进行文字识别加工,通过用户授权可供古籍研究者和爱好者查阅,达到资源共享的目的。360°看展览,观众可通过手机、PC端打开全景数字展厅,沉浸在虚拟的环境中,观看展览,让人身临其境。同时,不断尝试数字展览,"壁画的平行世界""大河上下——晋魂""走向盛唐"等数字展及云展览上线以来,得到了广大观众的一致好评。

在智慧管理方面,预约参观系统在各博物馆已经普及,观众通过在手机上点击预约,用身份证刷馆门闸机进馆参观,方便观众的同时可支持观众流量的实时管理。安全管理综合应用系统对用电、用水、用气、烟雾、入侵等进行全面监测,实现了安全要素的统一监控、异常报警的联动处置。山西博物院建成了一体化网络数据中心机房,同时建立了以藏品管理为核心的数字资源管理系统,系统集成了藏品管理、数字资源管理功能,为智慧博物馆建设奠定了扎实基础。可移动文物保护修复数据库,对文物保护修复进行全流程有效管理和监督,推进文物保护修复智慧化升级,提升文物保护修复效率和质量。OA办公系统包括业务协同、项目管理和重点事务督办功能,实现了办公自动化,提升了行政管理效能。

在智慧保护方面,楼宇环境监测控制系统对展厅及库房的文物保存环境进行监测,随时对环境的温湿度进行调节,为文物提供恒温恒湿的存放环境。文物数字化成果管理系统,用于存储、管理历年来文物数字化采集数据,系统可根据用户权限在局域网内对所有业务人员开放,为开展文物研究、文物保护工作提供了方便。同时,基于文物数字化保护工作,在应用高光谱成像技术对文物色彩信息进行光谱域信息处理的基础上,针对图像处理做了试验性的研究,取得了预测病害可能扩散范围的预防性保护成果,为后续的保护和修复工作提供数据支撑,而革命文物科研平台,则集中存储了纸质革命文物数字化成果数据。

以上列举的10个国内博物馆在智慧博物馆建设方面的实践应用只是作者根据各馆一些个性特点而列举,并不考虑排名先后,也不代表只有这些案例或只有这些博物馆在智慧博物馆建设方面是优秀的。

第七章　智慧博物馆的未来与发展

智慧博物馆是科技创新带来的必然变革,也是当前和今后一个时期,推动文物"活"起来的重要方向,它必将大有可为、大有作为。智慧博物馆建设不仅要为挖掘文物蕴含的哲学思想、人文精神、价值理念、道德规范等服务,更要为揭示其中蕴含的中华民族的文化精神、文化胸怀,不断坚定文化自信服务。文化和旅游部、国家文物局高度重视科技创新的支撑作用,积极探索智慧博物馆建设路径,开展智慧博物馆建设试点,加大物联网、云计算、大数据、移动通信等新一代信息技术运用,努力推动博物馆更加智慧、更加智能。近年来,我国博物馆事业在强化理念、技术、机制创新,推动文博与科技深度融合及智慧博物馆建设方面,取得了长足发展,保护文物更加智慧,管理手段更加智慧,服务观众更加智慧。

保护文物更加智慧:智慧博物馆对藏品保存状况、环境变化等更加"耳目通达""反应敏捷",通过实时动态监测,及时发现"病情",对症下药,文物保护正在从抢救性保护向抢救性与预防性保护并重,从文物本体保护向文物本体与周边环境的整体性保护转变。

管理手段更加智慧:智慧博物馆旨在搭建完整的博物馆智能生态系统,将藏品、展品、库房、展厅、游客等融为一个有机整体,博物馆内外部信息更加"融会贯通",智慧博物馆为实现博物馆从传统的"以物为核心"的工作状态转而向人性化发展,"运筹帷幄"成为可能。

服务观众更加智慧:智慧博物馆运用智能导览、虚拟漫游等智能手段,推动"人+物+应用+管理"多端融合,博物馆更加"知识渊博"和"善解人意"。

智慧博物馆本质上还是以博物馆业务需求为核心,以新信息技术为支撑,线上与线下相结合的新型博物馆发展模式,将极大地提升博物馆的核心业务水平与观众的体验感受,实现博物馆的智慧服务、智慧保护和智慧管理。如果我们将博物馆发展趋势与科技前瞻性相结合,完全可以勾勒出智慧博物馆的发展蓝图:博物馆的智慧服务将针对观众参观需求,在展示体验、信息传递、互动分享等环节为观众提供服务,实现观众与博物馆藏品的交互融合;智慧保护以文物预防性保护为目标,基于智能感知和无损检测技术,对博物馆藏品的健康状态及影响因素等进行全面的量化分析和监控,实现完整的"监测——评估——预警——调控"预防性保护流程;智慧管理以先进的智能控制和协同技术为支撑,优化传统博物馆的管理模式和工作机制,为博物馆管理的决策活动提供支持,使管理工作更为科学、智能、高效。可以预见,智慧博物馆在服务、保护、管理等方面的深度融合将逐步形成完整的博物馆智能生态系统,从而极大地丰富和深化传统实体博物馆的信息交流和文化传播功能。智慧博物馆作为新的发展形式逐步在数字时代显现,它与信息化是紧密相关的,智慧博物馆需要以信息化、数字化作为基础;但智慧博物馆和以前的烟囱式、孤岛式的信息化建设有所区别,它是实现数据共享、业务协同的智能化平台,是新技术与博物馆创新发展融合的产物,开辟了认识博物馆、发展博物馆的新视角,有力推动着博物馆在思维方式、管理模式、行为范式上的革新。

现在总体来看,我国智慧博物馆的建设仍然处于初级阶段。但现阶段智慧博物馆建设的最大贡献不在于建立了一个或数个智慧博物馆示范模板,而是彻底改变了传统博物馆的发展形态。或许真正意义上的智慧博物馆还没有完全建设成功,但智慧博物馆建设的浪潮已经为众多中国博物馆注入了智慧的基因。真正意义上的智慧博物馆诞生或许仍需时日,可智慧技术的应用愈发成为博物馆界的共识并在博物馆实践中遍地开花,不断推动中国博物馆高质量发展。博物馆是一个国家的文化符号,承载了丰富的文化内涵,"十四五"时期是我国全面建成小康社会实现"两个一百年"奋斗目标的第一个五年,同时,又是建设共同富裕型社会的开端之年,我国将进入新的发展阶段,博物馆也迎来了新的发展机遇。万物感知,万物互联,物联把数据线上化,智能进行数据建模分析,进而构建新的功能、新的产品、新的业务、新的模式,将极大地改变人们的生产和生活,构建面向未来的智慧博物馆已是大势所趋,未来已来。

关于未来智慧博物馆应该如何建设发展是文博专家学者和相关机构一直重点关注和讨论的热点问题,大家普遍认为未来智慧博物馆应是万物互联、万物感知,在基于感知"数据"的基础上,将建立起一种更加全面、深入和泛在的互联互通模式,使人与人、人与物、物与物之间的协同与连接更加智能与紧密,在推进博物馆数字化建设的基础上,以创新的技术手段和"以人为本"的设计理念为支撑,实现将人、物、数据三者更加全面、深入和广泛地互联互通,以及更透彻感知。国内头部科技企业基于未来博物馆的发展方向,普遍认为智慧博物馆是将云计算、大数据、物联网、移动互联、数字孪生、元宇宙、人工智能等现代技术与博物馆业务场景深度融合的神经系统,神经系统不仅包含博物馆大脑,还需要从大脑到末梢的神经网络,从端点感知、信息传送、大脑分析决策,再到反馈指令、完成行动,需要一个完整的物联网以及终端组成的神经网络来实现闭环,这一点与通常概念意义上的智慧大脑有所区别。

智慧博物馆的发展加强了信息的流通与传播,传统的博物馆属于保护型的博物馆,数字化博物馆属于传播型博物馆,而智慧博物馆则致力于构建参与型的博物馆,实现信息的交互共享,在这一过程中,博物馆的边界感逐渐减弱,大众感和融合感越来越强。智慧博物馆通过物联网、大数据、云计算、数字孪生、元宇宙、人工智能等技术手段以多模态感知数据替代数字博物馆中的集中式静态采集数字,进而汇总形成数据分析,建立全面的信息互通互联,使人、物、数据三者之间形成动态的多元关系和系统的有机联系,实现跨越时空、国别、文化的知识与信息、故事与情节、情感和价值观的全息、立体的传播模式。博物馆致力于造桥,而不是筑墙,那么通过多样化的手段和方式,博物馆可以把桥造得更精妙、更具有吸引力,让人更愿意踏入,才能实现好的传播,随着科技、文化的进一步发展,文化和人群之间的界限逐步被打破,不再需要桥了,这座桥就变为了一种无形的桥,聚焦人的体验和感受方面,注重观众的体验和参与性,一切以人为本进行设计和智慧化应用,这也是理想的智慧博物馆的特点。

关于我国智慧博物馆的未来发展趋向的问题国内专家学者主要从智慧认知和智慧生态这两个方面进行探索研究。目前的智慧博物馆更偏重技术方面,具备了基本的感知和展现能力,但对于智慧的目标实现得还不够完全。从认知方面来看,智慧博物馆大体应经过三个阶段。第一阶段属于感知层,是将博物馆藏品数字化、网络化,具有最基本的数据获取和呈现能力,即数字博物馆;第二个阶段是利用物联网、大数据、人工智能等新技术,实现博物馆智慧保护、管理和服务,达到了认知层面;第三个阶段应是求知层和觉知层,具有推理、判断和问题求解的能力,实现自我觉知、更新和进化。目前智慧博物馆大多处于第二发展阶段,未来的发展中需要更加强调智慧化,真正建立起具有"智慧"的博物馆系统,向第三阶段发展,使智慧博物馆成为一个生态系统,以人、物、活动为生产者,达到信息和知识在博物馆的人、物和活动三者之间动态循环和流转的目的。

智慧博物馆未来具体的发展方向,国内专家学者普遍认为主要先做好三个方面。首先,处理领先技术和合理利用的关系。应采用成熟且适当领先的技术手段,不必赶潮流地应用一些前沿的新技术,要在一定实践基础上引进新技术。其次,在国有博物馆大力开展智慧化实践时,也应带动非国有博物馆,为其提供指导、支持和保障,探索国有博物馆和非国有博物馆互动融合的模式,使两者共同为社会提供多元化的智慧服务。最后,处理好非常态发展和常态发展,近年来,新冠疫情冲击了博物馆的常态发展,对博物馆常态运营造成了巨大影响,在此类特殊情况下,加快智慧博物馆的建设显得更为重要,需要通过新技术、新思想、新理念拓宽博物馆的生存和运营空间,提高博物馆面对非常态化事件时的应对能力,更充分地发挥博物馆的功能,为今后的发展奠定基础。

当然，通过近年来智慧博物馆的发展，我们能清晰认识到是其随着信息技术的发展而发展的，离不开新技术的不断应用实践。文物作为人类历史文化的遗产，每件文物背后都蕴含文化知识内涵，通过新技术，构建为社会、观众认知文物信息的平台，在新时代背景下将中华民族的精神及文化发扬光大，是智慧博物馆的发展目标。

其一，以知识图谱技术为重点，实现博物馆数据的智慧融合。

未来需要将大数据、云计算、物联网、互联网、人工智能等先进信息技术手段应用到文物资源的数字化过程中，通过拓宽文物信息开放渠道，加大开放文物信息资源共享，公布博物馆的收藏文物信息数据，增加公众了解馆藏的途径，提高公众参与度，满足群众参与的多元化需求。当下，随着数字技术的日益成熟，以数字技术为核心的知识图谱技术也成为后期智慧博物馆的重要发展内容，知识图谱的应用突破了各博物馆之间时间、空间的限制，从数据端实现了多个博物馆之间的开放与融合。

其二，以数据可视化为基础，重新定义博物馆的收藏和展陈理念。

随着观众对知识深度的渴求和了解，博物馆将成为文化知识需求的重要供给载体，这也对博物馆建设与展示过程中所应用先进科技手段的进一步提高提出要求。数据可视化技术对博物馆的收藏和展陈理念产生重要影响，随着数据可视化技术的完善，博物馆藏品的展览形式将会更为多元化，将展品的实物与电子信息相融合，将会进一步丰富向公众传达的藏品信息内容。随着可视化技术的日益完善，博物馆藏品的趣味性、可视性将会进一步提高，有利于公众直观了解藏品传递的信息内容。

其三,以用户画像和互动式交流为依托,全面提升观众参观体验。

除了博物馆自身,推动博物馆向大众化方向转型的另一个重要力量是科技大公司。科技给博物馆和公众的连接带来一场革命,移动互联网、AR、VR、MR、XR、数字孪生、元宇宙和人工智能等技术混合应用,以提升公众的参观体验。在收集展览对象的基础数据信息以后,形成用户画像,分析展览对象的基本特征与个性化需求,提高展览推送信息的精准性。通过预先对展品信息的收集和学习,它可以回答参观者提出的许多问题,从历史到创作技法,甚至还包括和当代事件的联系,这么做的好处是,仿佛真的可以让展品"开口说话",并且通过互动体验吸引更多人参观博物馆。

其四,以个性化的文化传播为契机,让博物馆焕发新的活力。

近年来,博物馆成为热门的文旅打卡目的地,这种现象反映了整个社会对文化遗产需求的增加。博物馆的可逛性、展品的可读性增加了公众对历史文化的兴趣,并且也成为城市文化的重要传输方式与渠道。随着信息技术的发展,博物馆传播推广突破了地域和时空限制,博物馆文化内容也更为丰富。博物馆将通过及时更迭传播手段,增强互联网多媒体的内容建设,积极引导舆论预期。随着信息技术的发展,观众各种个性化、差异化的需求得到及时响应与反馈。在未来,博物馆将不只是传统的历史文物展示场所,借助信息技术的发展,博物馆的文物呈现将更为灵活、生动、多样化。

智慧博物馆是传统博物馆和数字博物馆发展的重要方向,而元宇宙作为一种新兴的概念,为智慧博物馆的发展带来了新的机遇和挑战,它是一种基于互联网的虚拟世界,通过数字化的方式将现实世界中的各种元素进行再现和模拟。目前,5G网络、16K高清视频、AI人工智能技术已趋于成熟,正在探索的6G网络也为大数据、云计算和24K视频甚至是64K视频的发展普及提供了可能,AI人工智能的人机互联也会越来越智能,数字孪生和知识图谱等技术进一步成熟,这些都为元宇宙的发展提供了技术支持。可以预见,未来将智慧博物馆搬进元宇宙十分富有前景,时下探索实践的元宇宙概念囊括了虚拟博物馆的所有要素,诸如虚拟展厅、虚拟展品以及虚拟数智人等,博物馆所有的内容都可以在三维建模和扫描技术的支持下在虚拟博物馆中呈现。元宇宙中,将观众带进展品所代表的历史场景中,甚至作为历史中的一个角色,通过场景漫游、虚拟人物讲解、资深历史专家连麦讲解、完成场景任务等方式,使观众身临其境,更好地理解每个展品背后的历史内容,也让更多的人感受传统文化的鲜活魅力。另外,无论是线上使用、收集观众信息、网络端进入虚拟博物馆,还是在线下游览博物馆,都可以使用虚拟现实技术给予观众超越感官的体验,实现以观众个体而作为展览的互动对象,通过观众画像、大数据分析、智能推送等,打破过去观众被动接受展览的局限,让博物馆能够对观众个体进行智慧化的感知和推断,根据观众时间、定位、知识储备、地域、年龄、需求和喜好等个性化定制、动态调整推荐、讲解、路线、学习、内容等,从而实现智慧博物馆与观众的多元双向互动。

很多博物馆管理者和专家认为,基于元宇宙的发展这可能是未来智慧博物馆的一个缩影,元宇宙的出现,为智慧博物馆的发展提供了新的思路和可能性。元宇宙与智慧博物馆的结合具有重要的意义,主要体现在以下几个方面:

沉浸式体验：元宇宙为观众提供了沉浸式的展览和导览体验，让观众更加身临其境地感受历史文化的魅力。智慧博物馆可以利用元宇宙的技术，将博物馆的文物和展览内容数字化，并在元宇宙中呈现出来，让观众可以在虚拟的环境中参观展览，感受历史文化的魅力。

个性化互动：元宇宙为观众提供了更加个性化、互动式的教育和文化传播方式，让观众主动参与到博物馆的活动中来。智慧博物馆可以利用元宇宙的技术，为观众提供个性化的导览和讲解服务，让观众可以根据自己的兴趣和需求选择不同的展览和文物进行参观和学习。

文化传承：元宇宙为博物馆提供了更加便捷、高效的管理和运营方式，提高博物馆的服务质量和运营效率。智慧博物馆可以利用元宇宙的技术，对博物馆的文物和展览进行数字化保护和管理，实现文物的数字化展示和在线交易，同时也可以利用元宇宙的技术，对博物馆的观众进行管理和服务，提高观众的参观体验和满意度。

创新商业模式：元宇宙为博物馆提供了新的商业模式和发展机遇，智慧博物馆可以利用元宇宙的技术，开展在线展览、虚拟导览、在线教育等业务，拓展博物馆的服务范围和收入来源。

国际交流与合作：元宇宙为博物馆提供了更加便捷、高效的国际交流与合作方式，智慧博物馆可以利用元宇宙的技术，与其他国家的博物馆进行在线展览和交流，拓展博物馆的国际影响力和知名度。

综上所述，元宇宙与智慧博物馆的结合具有重要的意义，可以为博物馆的发展带来新的机遇和挑战，可以为博物馆带来更加丰富和沉浸式的展览体验，同时也可以为观众带来更加丰富、多样的文化体验。

元宇宙在智慧博物馆发展中的重要性和潜力不言而喻,但也需要我们认识到其应用到智慧博物馆的发展建设还面临许多挑战和问题,需多方积极寻求对应的最优解决方案。

其一,技术限制条件。

目前,元宇宙技术还处于发展初期,硬件设备性能、软件并发、网络延迟、数据存储和处理等这些技术限制会影响用户的体验和应用的效果,无法完全满足元宇宙应用发展的需求。元宇宙应用需要强大的计算能力、高带宽网络和低延迟通信技术,也需要高度逼真的图形画质和交互技术,以提供更加流程、逼真的体验。当前的硬件设备性能可能无法满足元宇宙应用的需求,导致用户在使用过程中出现卡顿、延迟等问题,如计算能力、存储容量、网络带宽等,需要开发更先进的硬件设备,或者采用云计算、边缘计算等技术来提高硬件的性能。元宇宙应用需要支持大规模用户同时在线,并且需要保证低延迟和高帧率,这就需要开发更高效的软件并发技术,如分布式计算、边缘计算等。网络延迟是元宇宙应用中一个比较严重的问题,它会影响用户的体验,特别是在远距离传输和跨地区访问时,出现卡顿、延迟等问题,需要加强网络基础设施的建设和升级,提高网络的带宽和稳定性,或者采用一些网络优化路由、流量控制等技术来降低网络延迟,如边缘计算、内容分发网络等。元宇宙应用需要大量的数据存储和处理,以支持虚拟世界的运行和用户的交互,其成本和效率是一个巨大难题,需采用分布式存储和处理技术,将数据存储在多个节点上,以提高数据的可靠性和可扩展性。同时,可以采用数据压缩和优化技术,提高数据的存储和处理效率。

其二,标准与互操作性。

元宇宙领域缺乏统一的标准,不同的元宇宙平台和设备可能使用不同的标准和协议,不同的平台和应用之间无法互相兼容,元宇宙中的数据和内容需要在不同的平台和应用之间共享和交互,互操作性差,这会导致用户在使用不同的元宇宙应用时需要重新学习和适应不同平台和应用的操作方式,降低了用户的体验和使用效率。需要制定一些元宇宙的统一标准和协议,如数据格式、通信协议、交互方式、接口规范等,还需要开发一些中间件和工具,来实现不同平台和应用之间的数据和内容的互操作性,同时,鼓励开发者采用这些标准和规范,建立开放的元宇宙生态系统,吸引更多的开发者和内容创作者参与到元宇宙的建设中来,通过设计友好的用户界面和交互方式,如虚拟现实、增强现实、人工智能等,提供更加沉浸式的用户体验。

其三,数据隐私与安全。

元宇宙应用需要处理大量的用户数据和文物等敏感信息,包括用户身份信息、交易记录、文物的位置和状态等,这些数据的安全和可信度至关重要,因为一旦被黑客攻击或泄露,将会给用户和博物馆带来巨大的损失。面临黑客攻击、数据泄露、数据篡改、恶意软件等安全威胁的挑战,需采用加密技术、身份验证和授权机制、安全审计和监控等措施来保护数据的安全,建立完善的保护数据安全和可信度的机制。另外,元宇宙应用需要收集用户的个人信息和行为数据,以提供个性化的服务和体验。然而,用户的隐私保护也是一个重要的问题,如果用户的个人信息被滥用或泄露,将会给用户带来极大的困扰和损失。面临用户隐私泄露、数据滥用、个人信息被追踪等隐私问题,需采用匿名化、加密、数据最小化等技术来保护用户的隐私,同时建立用户隐私政策和数据保护机制来规范数据的收集和使用。另外,可以加强对开发者和平台的监管,防止数据泄露和滥用,元宇宙中的虚拟世界和角色也需要受到保护,防止恶意攻击和侵犯。除了数据安全和隐私保护,还有版权保护,元宇宙应用中可能涉及大量的知识产权和版权问题,尤其是在智慧博物馆应用需要展示文物的数字化模型和相关信息,因此需要保护文物的版权和知识产权,同时,文物的数字化过程也需要保证文物的完整性和真实性,避免文物被损坏或篡改。面临文物版权保护、文物数字化过程中的安全威胁、文物真实性和完整性保护的挑战,需采用版权保护技术、数字水印技术、区块链技术等手段来保护文物的版权和知识产权,同时加强文物数字化过程中的安全管理和监督,确保文物的真实性和完整性。

其四,伦理和道德问题。

元宇宙中的虚拟世界和现实世界之间存在着密切的联系,社交和互动可能会引发一些伦理和道德问题,如虚拟世界中的暴力、色情、诈骗、欺凌、骚扰和虚假信息的传播等。为了解决这个问题,需要制定元宇宙的伦理和道德审查机制,来指导元宇宙中的行为和活动,对元宇宙中的内容和行为进行审查和监管,加强对用户的教育和培训,以提高用户的社交和伦理意识。元宇宙中的人工智能可能会对人类产生一些伦理和道德的影响,如人工智能的偏见、歧视、滥用等。为了解决这个问题,需要对人工智能进行伦理和道德的评估和监管,来确保人工智能的行为符合伦理和道德的要求。另外,元宇宙应用中的虚拟世界和数字身份可能会导致现实世界中的不公平和歧视,甚至可能会对青少年的身心健康造成影响。例如,一些人可能会因为经济条件或其他因素而无法获得进入元宇宙的机会,或者在元宇宙中受到不公平的待遇,青少年可能会沉迷于虚拟世界中,影响他们的学习和社交能力。这就需要建立公平和正义的机制,确保所有人都有机会参与元宇宙的活动,并受到平等的对待,建立青少年保护机制,限制青少年在元宇宙中的活动时间和内容,并提供必要的教育和指导。

其五,专业人才短缺问题。

元宇宙在智慧博物馆发展和建设中的应用,需要解决计算机图形学、虚拟现实技术、游戏设计、区块链技术、设计、运营、管理、法律等多领域的专业人才短缺问题,加强相关专业的人才培养和引进,鼓励企业与高校合作,提供更多的培训和支持,吸引更多的人才进入元宇宙领域,建立元宇宙领域的人才培养体系。如在技术人才方面,元宇宙应用需要涉及多种技术,如虚拟现实、增强现实、区块链、人工智能等。这些技术的发展需要大量的技术人才,包括软件开发人员、硬件工程师、设计师等。需要加强相关专业的人才培养,鼓励企业与高校合作,开设相关专业和课程,培养更多的专业人才。在内容创作人才方面,元宇宙应用需要大量的高质量内容,如数字化文物、虚拟展览、互动体验等。这些内容的创作需要大量的创意人才,包括艺术家、设计师、编剧等。需要鼓励创意人才进入元宇宙领域,提供更多的创作机会和平台,同时加强对创意人才的培训和支持。在运营和管理人才方面,元宇宙应用需要专业的运营和管理人才,包括市场营销、客户服务、项目管理等。这些人才需要具备跨领域的知识和技能,能够有效地运营和管理元宇宙应用。需要加强相关专业的人才培养,鼓励企业与高校合作,开设相关专业和课程,培养更多的专业人才。在法律和伦理人才方面,元宇宙应用涉及众多的法律和伦理问题,如知识产权、隐私保护、数据安全等。这些问题需要专业的法律和伦理人才来解决。需要加强相关专业的人才培养,鼓励高校开设相关专业和课程,培养更多的法律和伦理人才。同时,加强对现有人才的培训和支持,提高他们的法律和伦理意识。

数字驱动下的新型智慧博物馆的发展要应用元宇宙,除了面临上述技术限制条件、标准与互操作性、数据隐私与安全、伦理和道德问题以及专业人才短缺这些挑战,还有很多问题需要进一步探索解决,如在市场和商业模式方面,元宇宙本身的市场和商业模式还在不断探索和发展中,这是一个新兴的领域,需要进行有效的市场推广和用户教育,以提高用户的认知度和接受度,更需要设计和建立新的合理商业模式,如虚拟商品销售、虚拟广告、付费内容、会员制度等,实现商业价值和社会价值的双赢,需要解决市场和商业模式方面的挑战。在成本和资源消耗方面,元宇宙的建设和运营需要大量的计算和存储资源,包括硬件设备、软件技术、数据存储等,这对于一些中小型博物馆来说,可能会带来一定的经济压力,元宇宙应用的技术和标准会不断更新和升级,这可能会导致系统的维护和升级成本增加,需要解决成本和资源消耗方面的挑战,需要加强技术研发和创新,降低技术成本、提高系统性能。元宇宙在智慧博物馆发展建设中的应用面临着诸多挑战,要实现在数字驱动下的新型智慧博物馆应用元宇宙的可持续发展,需要政府、企业、学术界和社会各界的共同努力。政府需要制定相关的政策和法规,推动技术创新和产业发展。企业需要加大研发投入,提高技术水平和市场竞争力。学术界需要加强研究和创新,为元宇宙的发展提供理论和技术支持。社会各界需要关注元宇宙的发展,共同推动元宇宙朝着健康、可持续的方向发展。政府、企业、学术界和社会各界不但要加强合作和创新,还要有针对性的解决方案,推动元宇宙技术的应用,为智慧博物馆的发展提供更好的支持和保障,同时,需要制定相关的法律法规和标准,加强对元宇宙应用的监管,保障用户的合法权益和数据安全。

参考文献

[1]广东省博物馆协会.博物馆工作指南[M].桂林:广西师范大学出版社,2023.

[2]中国国家博物馆简介[EB/OL].http://www.chnmuseum.cn/gbgk/gbjj.

[3]宁夏回族自治区博物馆.宁夏回族自治区博物馆章程[EB/OL].http://www.nxbwg.com/a/35.html.

[4]南通博物苑.中国第一馆[EB/OL].http://www.ntmuseum.com/pcweb/home/firstPavilion.

[5]中央宣传部　国家发展改革委　教育部　科技部　民政部　财政部　人力资源和社会保障部　文化和旅游部　国家文物局关于推进博物馆改革发展的指导意见[EB/OL].https://www.gov.cn/zhengce/zhengceku/2021-05-24/content_5610893.htm？eqid=e5c4aaa1000331e100000006645afe5e.

[6]国家文物局关于公布2021年度全国博物馆名录的通知[EB/OL].http://www.ncha.gov.cn/art/2023/3/1/art_2237_46047.html,2023-02-22.

[7]国家文物局.2021年"5·18国际博物馆日"中国主会场活动开幕式在首都博物馆举行[EB/OL].http://www.ncha.gov.cn/art/2021/5/18/art_722_167996.html,2021-05-18.

[8]浙江省文物局.国家文物局:2022年我国新增备案博物

馆382家 全国博物馆总数达6565家[EB/OL]. http://wwj.zj.gov.cn/art/2023/5/19/art_1639078_59057158.html.

[9]新华社瞭望智库.中国博物馆区域发展指数报告[EB/OL]. https://zhikuyun.lwinst.com/Liems/web/zkcg/opinionInfo?index=lw_points&type=achievement&id=7befa644534ce88243523d1fbfeadbf3, 2022-05-18.

[10]王春法.关于智慧博物馆建设的若干思考[J].博物馆管理, 2020(3):4-15.

[11]对当下智慧博物馆建设的若干思考[EB/OL]. https://mp.weixin.qq.com/s/vf5PEYe-JRg3zAh996yD_Q.

[12]段勇,梅海涛.以智慧博物馆建设为抓手推动博物馆强国建设[J].中国博物馆,2021(4):89-93.

[13]李慧,博物馆智慧应用系统思考[J].建筑电气,2021(3):28-33.

[14]郭艳艳,李华飙,车大为,等.科技让我们遇见更美好的未来——智慧博物馆论坛综述[J].中国国家博物馆馆刊,2022(8):29-36.

[15]中央宣传部 文化和旅游部 国家文物局等十三部门关于印发《关于加强文物科技创新的意见》的通知[EB/OL].https://www.gov.cn/zhengce/zhengceku/202311/content_6916308.htm.

附　录

关于推进博物馆改革发展的指导意见

党的十八大以来,我国博物馆在场馆建设、文物保护、藏品研究、陈列展览、开放服务、教育传播、国际交流等方面不断取得新进展,日益成为世界博物馆发展的中心和热点。但同时也要看到,博物馆发展不平衡不充分与人民美好生活需要之间的矛盾仍很突出,在发展定位、体系布局、功能发挥、体制机制等方面尚需完善提升。为深化改革,持续推进我国博物馆事业高质量发展,现提出如下意见。

一、总体要求

(一)指导思想。以习近平新时代中国特色社会主义思想为指导,坚持以人民为中心,坚持守正创新,坚持创造性转化和创新性发展,秉承新发展理念,将博物馆事业主动融入国家经济社会发展大局,加强考古成果和历史研究成果的转化与传播,为坚定文化自信、传承中华文明、推动中国特色社会主义文化繁荣发展、满足人民美好生活需要、建设社会主义文化强国、实现"两个一百年"奋斗目标和中华民族伟大复兴中国梦做出积极贡献。

(二)基本原则。

——坚持正确方向。坚持党对博物馆事业的全面领导,牢牢把握意识形态工作主导权,以社会主义核心价值观为引领,突出公益属性和社会效益,更好地构筑中国精神、中国价值、中国力量。

——坚持改革创新。坚持问题导向、目标导向,上下联动、横向联合,鼓励先行先试,推进博物馆发展理念、技术、手段、业态创新,破除体制机制束缚,释放发展活力。

——坚持统筹协调。统筹不同地域、层级、属性、类型博物馆发展,提高博物馆内部管理和外部治理水平。坚持服务大众,提高博物馆公共服务均等化、便捷化、多样化、个性化水平,实现博物馆高品质、差异化发展。

——坚持开放共享。营造开放包容的发展环境,通过区域协同创新、社会参与、跨界合作、互联网传播等方式,促进资源要素有序流动,优化资源配置,多措并举盘活博物馆藏品资源。

(三)总体目标。到2025年,形成布局合理、结构优化、特色鲜明、体制完善、功能完备的博物馆事业发展格局,博物馆发展质量显著提升,在弘扬中华优秀传统文化、革命文化和社会主义先进文化,构建公共文化服务体系、服务人民美好生活,推动经济社会发展、促进人类文明交流互鉴中的作用更加彰显。到2035年,中国特色博物馆制度更加成熟定型,博物馆社会功能更加完善,基本建成世界博物馆强国,为全球博物馆发展贡献中国智慧、中国方案。

二、加强分类指导,优化体系布局

(四)统筹不同地域博物馆发展。配合"一带一路"倡议、京津冀协同发展、长江经济带发展、粤港澳大湾区建设、长三角一体化发展、推进海南全面深化改革开放、黄河流域生态保护和高质量发展等国家重大战略,以及长城、大运河、长征、黄河国家文化公园建设等国家重大文化工程,加强博物馆资源整合与协同创新。探索在文化资源丰厚地区建设"博物馆之城""博物馆小镇"等集群聚落。

（五）整合不同层级博物馆发展。实施中国特色世界一流博物馆创建计划,重点培育10—15家代表中国特色中国风格中国气派、引领行业发展的世界一流博物馆。实施卓越博物馆发展计划,因地制宜支持省级、重要地市级博物馆特色化发展。实施中小博物馆提升计划,加强机制创新,有效盘活基层博物馆资源。实施类博物馆培育计划,鼓励将具有部分博物馆功能,但尚未达到登记备案条件的社会机构,纳入行业指导范畴,做好孵化培育。

（六）协调不同属性博物馆发展。探索建立行业博物馆联合认证、共建共管机制,将高校博物馆、国有企业博物馆等纳入行业管理体系,引导文物系统富余资源在运营管理、充实藏品、保护修复、开放服务等方面支持行业博物馆。规范和扶持并举,加强对非国有博物馆业务帮扶,推动落实土地、税收等优惠政策,指导非国有博物馆健全藏品账目及档案,依法依规推进博物馆法人财产权确权。按照"谁审批、谁监管,谁主管、谁监管"原则,加强对未经备案但以"博物馆"等名义开展活动的机构的管理。

（七）促进不同类型博物馆发展。充分利用现有资源,结合党史、新中国史、改革开放史、社会主义发展史教育,依托社会主义建设重大工程、重大项目、重要事件,推动建设一批反映党和国家建设成就的当代主题博物馆。鼓励依托文物遗址、历史建筑、工业遗产、农业遗产、文化景观和非物质文化遗产等设立博物馆。依法依规支持"一带一路"、黄河、大运河、长城、长江、长征、重大科技工程等专题博物馆（纪念馆）

建设发展。重点支持反映中华文明发展历程的国家级重点专题博物馆建设。丰富自然科学、现当代艺术等博物馆品类,鼓励军队博物馆面向社会开放,倡导社区、生态、乡情村史博物馆等建设。

三、夯实发展基础,提升服务效能

(八)优化征藏体系。树立专业化收藏理念,强化党史、新中国史、改革开放史、社会主义发展史相关藏品征集,注重旧城改造、城乡建设等反映经济社会发展变迁物证的征藏,丰富科技、现当代艺术、非物质文化遗产等专题收藏,鼓励反映世界多元文化的收藏新方向。拓展藏品入藏渠道,健全考古出土文物和执法部门罚没文物移交工作机制,适时开展文物移交专项行动,推动优化国有公益性收藏单位进口藏品免税政策,鼓励公众向博物馆无偿捐赠藏品。

(九)提升保护能力。健全博物馆藏品登录机制,推进藏品档案信息化标准化建设,逐步推广藏品电子标识。实施馆藏珍贵濒危文物、材质脆弱文物保护修复计划。强化预防性保护,加强文物常见多发病害病理研究,提升藏品保存环境监测、微环境控制、分析检测等能力,完善博物馆安消防制度建设和设施配备,鼓励各地因地制宜加强文物中心库房建设。加快推进藏品数字化,完善藏品数据库,加大基础信息开放力度。

(十)强化科技支撑。加强对藏品当代价值、世界意义的挖掘阐发,促进研究成果及时转化为展览、教育资源。大力发展智慧博物馆,以业务需求为核心、以现代科学技术为支撑,逐步实现智慧服务、智慧保护、智慧管理。推动研究型博物馆建设,依法开展博物馆科技成果转化收益分配试点,推动符合条件的博物馆从业人员享受科技创新扶持政策。深化与高等院校、科研院所合作,鼓励建立联合实验室、科研工作站和技术创新联席机制,"博学研"协同开展文物保护利用科学研究与成果示范,将支持博物馆发展的共性关键技术研究纳入各类国家科技计划予以重点支持。

(十一)提高展陈质量。落实中办、国办《关于实施中华优秀传统文化传承发展工程的意见》等要求,深入挖掘展示中华优秀传统文化中跨越时空的思想理念、价值标准、审美风范,以古鉴今、古为今用、启迪后人。全面展示中华文明起源和发展的历史脉络,中华文明取得的灿烂成就,中华文明对人类文明的重大贡献。支持联合办展、巡回展览、流动展览、网上展示,提高藏品展示利用水平。探索独立策展人制度,优化展览策划制作流程,推出更多原创性主题展览。贴近实际、贴近生活、贴近群众,鼓励公开征集选题,推广以需定供的菜单式展览服务。

(十二)发挥教育功能。落实《新时代爱国主义教育实施纲要》《新时代公民道德建设实施纲要》要求,广泛深入开展博物馆里过传统节日、纪念日活动,加强对中华文明的研究阐发、教育普及和传承弘扬,加强爱国主义教育和革命传统教育,培育人民文化生活新风尚。制定博物馆教育服务标准,丰富博物馆教育课程体系,为大中小学生利用博物馆学习提供有力支撑,共建教育项目库,推动各类博物馆数字资源接入国家数字教育资源公共服务体系。支持博物馆参与学生研学实践活动,促使博物馆成为学生研学实践的重要载体。倡导博物馆设立教育专员,提升教育和讲解服务水平,鼓励省级以上博物馆面向公众提供专业研究人员的专家讲解服务。

（十三）优化传播服务。推进博物馆大数据体系建设，主动对接国家文化大数据体系建设，标注、解构和重构藏品蕴含的中华元素和标识，切实融入内容生产、创意设计和城乡建设，充分发挥博物馆在文旅融合发展、促进文化消费中的作用。推动博物馆文化扶贫，增加展览、教育活动进乡村频次。深化博物馆与社区合作，推动博物馆虚拟展览进入城市公共空间，鼓励有条件的博物馆错峰延时开放，服务十五分钟城市生活圈。加强与融媒体、数字文化企业合作，创新数字文化产品和服务，大力发展博物馆云展览、云教育，构建线上线下相融合的博物馆传播体系。强化观众调查，推广分众传播，优化参观全过程服务。

（十四）增进国际合作。实施中华文明展示工程，深入挖掘中华优秀传统文化精髓，弘扬中华文化蕴含的人类共同价值，打造一批中国故事、国际表达的文物外展品牌。实施世界文明展示工程，通过长期借展、互换展览、多地巡展等方式，共享人类文明发展成果。加强青年策展人培养，造就一批政治过硬、功底扎实、国际接轨的博物馆策展人队伍。支持中国专家学者参加国际博物馆组织，积极参与博物馆国际治理。

四、创新体制机制，释放发展活力

（十五）完善管理体制。推进博物馆法及配套法规体系立法研究，完善博物馆制度，推进博物馆治理体系和治理能力现代化。深化博物馆领域"放管服"改革，探索管办分离，赋予博物馆更大的自主权。分类推进国有博物馆、非国有博物馆理事会制度建设，建立健全权责对等、运转协调的决策执行或监督咨询机制。深化人事制度改革，切实增强博物馆干部人事管理、职称评审、岗位设置自主权。对于部分符合条件的新建博物馆,在不改变藏品权属、确保安全的前提下,经批准可以探索开展国有博物馆资产所有权、藏品归属权、开放运营权分置改革试点,提升博物馆公共服务效能。

(十六)健全激励机制。博物馆开展陈列展览策划、教育项目设计、文创产品研发取得的事业收入、经营收入和其他收入等,按规定纳入本单位预算统一管理,可用于藏品征集、事业发展和对符合规定的人员予以绩效奖励等。合理核定博物馆绩效工资总量,对上述工作取得明显成效的单位可适当增核绩效工资总量,单位内部分配向从事这些工作的人员倾斜。

(十七)鼓励社会参与。发展壮大博物馆之友和志愿者队伍,构建参与广泛、形式多样、管理规范的社会动员机制。推动博物馆公共服务市场化改革,引入竞争机制,鼓励社会力量参与展览、教育和文创开发。实施"博物馆+"战略,促进博物馆与教育、科技、旅游、商业、传媒、设计等跨界融合。

五、优化发展环境,加强改革保障

(十八)加强组织领导。强化部际协作,进一步增强文物主管部门与宣传、发展改革、教育、民政、财政、人力资源和社会保障等部门之间的协作关系,形成工作合力。各级宣传文化、发展改革、财政、人力资源和社会保障等部门,要将博物馆发展纳入经济社会发展总体规划和基础设施建设、教育、科技、文化、旅游等相关专项规划,发挥博物馆在文明城市创建中的作用,支持博物馆事业发展。

(十九)加强政策支持。按照国办《公共文化领域中央与地方财政事权和支出责任划分改革方案》部署,落实博物馆有关支出责任,向财力困难地区倾斜,加强预防性保护和数字化保护项目支持。健全博物馆免费开放机制,督促落实地方主体责任。鼓励地方通过政府购买服务、项目补贴、以奖代补等方式,支持非国有博物馆持续发展。博物馆认定为非营利组织的,其符合条件的捐赠收入按规定享受免税政策。企业或个人等通过公益性社会组织、县级以上人民政府及其部门等国家机关,向博物馆进行公益性捐赠的,按规定享受所得税税前扣除政策。创新博物馆发展多元化投入机制,在加强监管、防范风险的前提下,鼓励社会资本以直接捐赠、设立基金会等形式支持博物馆发展。

(二十)加强队伍建设。健全博物馆人才激励机制,按照国家有关规定进行表彰奖励,加强博物馆管理人才、专业人才、研究人才、创新型人才培育,为人才发展营造良好的制度环境。加强国家文博领域高水平创新团队建设,培育跨领域、跨学科创新团队。按照人力资源和社会保障部、国家文物局《关于进一步加强文博事业单位人事管理工作的指导意见》精神,拓宽人才汇集机制,支持博物馆设立流动岗,吸引相关专业技术人员兼职。加大博物馆专业人才引进力度,提高队伍专业化水平。推进文博行业相关职业资格制度建设。强化人才培训,根据不同岗位要求,开展分级分类培训,提高队伍整体素质能力。

(二十一)加强监督管理。通过日常巡查、"双随机、一公开"检查、备案管理等方式,加强文物保护、陈列展览等事项事中事后监管。建立健全绩效考评、专业评价和第三方评估相结合的博物馆考评监督机制。健全博物馆质量评价体系,扩大国家一二三级博物馆占比,加强评估结果运用。加强博物馆行业协会建设,促进行业自律。建立博物馆年报制度和信用体系,主动接受社会监督。

各地要制定贯彻落实本意见的实施方案,落实任务分工,细化工作责任,明确时间表、路线图,着力推进实施,强化督导检查,确保改革措施落地见效。

2021年5月24日

关于推进博物馆数字化建设工作的指导意见

近年来,北京地区各博物馆在博物馆数字化建设方面不断取得新进展。中办、国办印发的《关于推进实施国家文化数字化战略的意见》明确,到"十四五"时期末,基本建成文化数字化基础设施和服务平台,形成线上线下融合互动、立体覆盖的文化服务供给体系。《"十四五"文物保护和科技创新规划》《关于推进博物馆改革发展的指导意见》也对博物馆加快推进藏品数字化、强化科技支撑等方面作出具体指导。博物馆数字化建设是新形势下首都文博事业发展的新气象,也是北京推进全国文化中心和博物馆之城建设的重要内容。为深入贯彻各项文件精神,推动文物科技创新,促进博物数字化工作可持续发展,助力北京全国文化中心及博物馆之城建设,现形成相关指导意见如下:

一、指导思想

以习近平新时代中国特色社会主义思想为指导,全面贯彻党的二十大精神,深入贯彻习近平总书记对北京重要讲话以及关于博物馆工作的重要论述和重要指示批示精神,坚持党的全面领导,坚持以人民为中心,坚持新发展理念,坚持创造性转化和创新性发展,以数字互联为牵引,牢牢把握当前数字化建设重大机遇期,顺应新变化、开辟新路径、提升新能力,推动数字化建设与博物馆发展深度融合,开创新时代文博事业发展新气象。

二、工作目标

到2025年,北京地区博物馆数字化建设取得显著成效,智慧化博物馆体系日益成熟;馆藏文物数字化保护水平得到大幅提升;数字文化产品和服务供给更加多样化;数字化人才队伍知识结构和能力素质不断提高;人民群众高品质、多样化的数字文化需求日益得到满足。

三、重点任务

(一)加快馆藏文物数字化转型　推进藏品公开共享

1.健全藏品登录机制,完善藏品数字化基础数据库。以藏品数字化采集为基础,采用数字化技术,建立以博物馆文物数据库为基础,兼备二维、三维多种信息媒体形式,涵盖从收集、入藏、编目、出入库管理,到修复保护等整个文物保管范围所有业务流程的藏品综合管理系统。

2.加大藏品基础信息开放共享力度。积极通过"北京市博物馆大数据平台""北京博物馆云"小程序等线上平台公开本馆藏品信息,切实发挥文物信息资源共享对传承发展中华优秀传统文化、推进社会力量参与文物保护利用、满足人民美好生活需求等方面的积极作用。

(二)建设智慧博物馆　增强线上文化服务供给能力

1.聚焦现代信息技术发展前沿,合作开展关键技术研发,逐步推出博物馆智慧保管、智慧修复、智慧开放、智慧讲解、智慧社教、智慧展览、智慧管理等方面模块产品,将智慧博物馆建设融入博物馆业务活动全流程。

2.加强数字化成果的推广、宣传和利用,充分利用数字资源,大力开展"云展览""云教育""云直播"等线上服务。结合人工智能、AR、

VR等现代技术手段,协同探索创建优质应用场景,提供沉浸式体验、数字孪生、高清直播等新型文旅服务,构建线上与线下相辅相成的新型知识生产与传播体系,打破时空限制,打造永不打烊的博物馆。

3.支持有条件的博物馆依托馆藏特色,开发具有鲜明特点、符合观众需求的数字藏品及其他多种形式的数字文创产品,加强现代设计与传统工艺对接,实现优秀传统文化资源的创造性转化和创新性发展。

(三)强化馆藏珍贵文物数字化保护　提升文物数字化保护水平

1.系统开展馆藏珍贵文物数字化保护项目,加大馆藏珍贵文物高清影像信息和三维信息采集比率,不断提高文物数字化保护水平。结合馆藏文物保存状况和基础条件,合理编制馆藏文物数字化保护项目计划,做到提前规划、统筹管理、有序实施。

2.充分利用国家文物保护专项资金,根据实际需求编制馆藏珍贵文物数字化保护方案及时报至我局,由我局纳入馆藏珍贵文物数字化保护项目库进行统一管理,并按照相关流程向国家层面争取资金支持。

(四)完善人才培养机制　加快培育数字化创新人才

将数字化领域人才纳入博物馆人才引进范围,优化高水平数字人才引进政策和管理方式。支持有条件的博物馆开展数字化相关研究,加强高端数字人才的自主培养。探索建立"博学研"协同创新机制,支持博物馆与在京高校、科研机构深入开展交流合作,共建联合实习基地,探索数字人才资源共享,培育一批复合型"数字工匠"。拓宽视野,把社会工作者、志愿者作为数字化人才队伍建设的有机组成部分,切实做好人才配置工作。

（五）鼓励社会力量参与博物馆数字化建设

深化落实《北京市鼓励社会力量兴办博物馆的若干意见》，鼓励社会力量共同参与博物馆数字化升级。支持博物馆与高校、文博机构、高新技术企业合作创新，充分利用互联网和大数据，搭建博物馆数字化交流合作平台，聚合资源优势，协同推进北京地区博物馆数字化建设。

（六）加强组织保障　强化项目管理

1.加强组织保障。各单位要高度重视数字化转型工作，提高思想认识，加强组织领导，明确任务分工，落实工作责任，保障人力和财务资源投入，贯彻落实数字化转型工作目标要求。

2.落实安全措施，强化项目管理。各单位在数字化建设工作中应注重加强知识产权的保护，务必确保文物安全、数字化资源存储安全，要从维护国家文化安全的高度出发，在制定数字化博物馆发展规划和建设标准时充分考虑藏品相关信息的有效管理和保护，加强风险评估，制定应对策略，分级分类管理，夯实数据安全主体责任。

3.各单位应立足于事业运营和未来发展的总体要求，通盘考虑各个应用层面的不同需求和阶段发展目标，在时间、技术、经费和性能指标相关条件下，系统规划、统筹安排，分步实施，以项目管理为核心理念推进博物馆数字化建设，多渠道积极争取专项资金扶持保障。要保持博物馆数字化工作的持续性，持续加强投入，加强定期更新维护，加强技术迭代和最新技术的应用。

国家一级博物馆名录

我国博物馆的等级划分,主要是在国家文物局的指导下,针对博物馆中的文物、标本收藏保管水平、科学研究水平、陈列展览功能等维度进行评估而产生的等级划分模式。根据国家文物局2023年2月22日发布的《国家文物局关于公布2021年度全国博物馆名录的通知》(文物博函〔2023〕6号),该通知依据《博物馆条例》《博物馆管理办法》对2021年度全国博物馆名录予以公布,其中2021年度国家一级博物馆共有204家。国家一级博物馆,是我国级别最高的博物馆,因馆藏品种多、数量大,珍贵文物多,具有很高的历史、文化、科学、艺术价值。

2021年度全国一级博物馆名录(204家)

序号	省份	博物馆名称	质量等级	博物馆性质	免费开放
1	北京市(18家)	中国国家博物馆	一级	文物系统国有博物馆	是
2		故宫博物院	一级	文物系统国有博物馆	否
3		文化和旅游部恭王府博物馆	一级	文物系统国有博物馆	否
4		北京鲁迅博物馆(北京新文化运动纪念馆)	一级	文物系统国有博物馆	是
5		中国人民革命军事博物馆	一级	其他行业国有博物馆	是
6		中国印刷博物馆	一级	其他行业国有博物馆	是
7		中国农业博物馆	一级	其他行业国有博物馆	是
8		中国航空博物馆	一级	其他行业国有博物馆	是
9		中国地质博物馆	一级	其他行业国有博物馆	否
10		中国科学技术馆	一级	其他行业国有博物馆	否
11		首都博物馆	一级	文物系统国有博物馆	是

续表

序号	省份	博物馆名称	质量等级	博物馆性质	免费开放
12	北京市（18家）	中国人民抗日战争纪念馆	一级	其他行业国有博物馆	是
13		北京自然博物馆	一级	其他行业国有博物馆	是
14		北京天文馆	一级	其他行业国有博物馆	否
15		北京中国电影博物馆	一级	其他行业国有博物馆	是
16		北京汽车博物馆（北京市丰台区规划展览馆）	一级	文物系统国有博物馆	否
17		清华大学艺术博物馆	一级	其他行业国有博物馆	否
18		周口店北京人遗址博物馆	一级	文物系统国有博物馆	否
19	天津市（4家）	天津博物馆	一级	文物系统国有博物馆	是
20		天津自然博物馆（北疆博物院）	一级	文物系统国有博物馆	是
21		周恩来邓颖超纪念馆	一级	文物系统国有博物馆	是
22		平津战役纪念馆	一级	文物系统国有博物馆	是
23	河北省（3家）	河北博物院	一级	文物系统国有博物馆	是
24		西柏坡纪念馆	一级	其他行业国有博物馆	是
25		邯郸市博物馆	一级	文物系统国有博物馆	是
26	山西省（6家）	山西博物院	一级	文物系统国有博物馆	是
27		山西地质博物馆	一级	其他行业国有博物馆	是
28		山西中国煤炭博物馆	一级	其他行业国有博物馆	否
29		大同市博物馆	一级	文物系统国有博物馆	是
30		八路军太行纪念馆	一级	文物系统国有博物馆	是
31		临汾市博物馆	一级	文物系统国有博物馆	是

续表

序号	省份	博物馆名称	质量等级	博物馆性质	免费开放
32	内蒙古自治区（3家）	内蒙古博物院	一级	文物系统国有博物馆	是
33		赤峰博物馆	一级	文物系统国有博物馆	是
34		鄂尔多斯市博物院	一级	文物系统国有博物馆	是
35	辽宁省（6家）	辽宁省博物馆	一级	文物系统国有博物馆	是
36		沈阳"九一八"历史博物馆	一级	文物系统国有博物馆	是
37		沈阳故宫博物院	一级	文物系统国有博物馆	否
38		大连博物馆	一级	文物系统国有博物馆	是
39		旅顺博物馆	一级	文物系统国有博物馆	是
40		大连自然博物馆	一级	其他行业国有博物馆	是
41	吉林省（3家）	吉林省博物院	一级	文物系统国有博物馆	是
42		伪满皇宫博物院	一级	文物系统国有博物馆	否
43		吉林省自然博物馆	一级	其他行业国有博物馆	是
44	黑龙江省(6家)	黑龙江省博物馆	一级	文物系统国有博物馆	是
45		东北烈士纪念馆（东北抗联博物馆、中共黑龙江历史纪念馆、革命领袖视察黑龙江纪念馆、东北抗联精神陈列馆）	一级	文物系统国有博物馆	是
46		黑龙江省民族博物馆	一级	文物系统国有博物馆	是
47		大庆市博物馆	一级	文物系统国有博物馆	是
48		大庆铁人王进喜纪念馆	一级	其他行业国有博物馆	是
49		黑河市瑷珲历史陈列馆	一级	文物系统国有博物馆	是
50	上海市（7家）	上海博物馆	一级	文物系统国有博物馆	是
51		上海鲁迅纪念馆	一级	文物系统国有博物馆	是

续表

序号	省份	博物馆名称	质量等级	博物馆性质	免费开放
52	上海市（7家）	中国共产党第一次全国代表大会纪念馆	一级	文物系统国有博物馆	是
53		陈云纪念馆（青浦革命历史纪念馆）	一级	其他行业国有博物馆	是
54		上海市龙华烈士纪念馆	一级	其他行业国有博物馆	是
55		上海科技馆	一级	其他行业国有博物馆	否
56		上海中国航海博物馆	一级	其他行业国有博物馆	否
57	江苏省（13家）	南京博物院	一级	文物系统国有博物馆	是
58		南京市博物总馆（南京市博物馆）	一级	文物系统国有博物馆	否
59		侵华日军南京大屠杀遇难同胞纪念馆	一级	其他行业国有博物馆	是
60		雨花台烈士纪念馆	一级	其他行业国有博物馆	是
61		南京科举博物馆	一级	其他行业国有博物馆	否
62		无锡博物院	一级	文物系统国有博物馆	是
63		徐州博物馆（徐州市文物考古研究所）	一级	文物系统国有博物馆	是
64		常州博物馆	一级	文物系统国有博物馆	是
65		苏州博物馆（苏州民俗博物馆）	一级	文物系统国有博物馆	是
66		常熟博物馆	一级	文物系统国有博物馆	是
67		南通博物苑	一级	文物系统国有博物馆	是
68		扬州博物馆	一级	文物系统国有博物馆	是
69		镇江博物馆	一级	文物系统国有博物馆	是
70	浙江省（13家）	浙江省博物馆（浙江革命历史纪念馆）	一级	文物系统国有博物馆	是
71		杭州中国丝绸博物馆	一级	文物系统国有博物馆	是
72		浙江自然博物院	一级	文物系统国有博物馆	是

续表

序号	省份	博物馆名称	质量等级	博物馆性质	免费开放
73	浙江省（13家）	杭州博物馆	一级	文物系统国有博物馆	是
74		杭州西湖博物馆总馆（西湖学研究院、杭州西湖风景名胜区网宣中心）	一级	文物系统国有博物馆	是
75		杭州工艺美术博物馆（杭州刀剪剑博物馆、杭州扇业博物馆、杭州伞业博物馆）	一级	文物系统国有博物馆	是
76		杭州中国茶叶博物馆	一级	文物系统国有博物馆	是
77		宁波中国港口博物馆	一级	文物系统国有博物馆	是
78		宁波博物院（宁波博物馆、宁波帮博物馆）	一级	文物系统国有博物馆	是
79		宁波市天一阁博物院（宁波市保国寺古建筑博物馆）	一级	文物系统国有博物馆	否
80		温州博物馆	一级	文物系统国有博物馆	是
81		南湖革命纪念馆（红船精神研究院）	一级	其他行业国有博物馆	是
82		舟山博物馆	一级	文物系统国有博物馆	是
83	安徽省（6家）	安徽博物院	一级	文物系统国有博物馆	是
84		安徽省地质博物馆	一级	其他行业国有博物馆	是
85		蚌埠市博物馆	一级	文物系统国有博物馆	是
86		淮北市博物馆	一级	文物系统国有博物馆	是
87		安徽中国徽州文化博物馆	一级	文物系统国有博物馆	是

续表

序号	省份	博物馆名称	质量等级	博物馆性质	免费开放
88	安徽省（6家）	宿州市博物馆	一级	文物系统国有博物馆	是
89	福建省（5家）	福建博物院	一级	文物系统国有博物馆	是
90		福建中国闽台缘博物馆	一级	文物系统国有博物馆	是
91		福建省泉州海外交通史博物馆	一级	文物系统国有博物馆	是
92		中央苏区（闽西）历史博物馆	一级	文物系统国有博物馆	是
93		古田会议纪念馆	一级	文物系统国有博物馆	是
94	江西省（11家）	江西省博物馆	一级	文物系统国有博物馆	是
95		南昌八一起义纪念馆	一级	文物系统国有博物馆	是
96		八大山人纪念馆	一级	文物系统国有博物馆	是
97		景德镇中国陶瓷博物馆	一级	文物系统国有博物馆	是
98		安源路矿工人运动纪念馆	一级	文物系统国有博物馆	是
99		萍乡博物馆	一级	文物系统国有博物馆	是
100		九江市博物馆	一级	文物系统国有博物馆	是
101		江西省庐山博物馆	一级	文物系统国有博物馆	是
102		赣州市博物馆	一级	文物系统国有博物馆	是
103		瑞金中央革命根据地纪念馆	一级	文物系统国有博物馆	是
104		井冈山革命博物馆	一级	文物系统国有博物馆	是
105	山东省（18家）	山东博物馆（山东省文物鉴定中心）	一级	文物系统国有博物馆	是
106		济南市博物馆	一级	文物系统国有博物馆	是
107		济南市章丘区博物馆	一级	文物系统国有博物馆	是
108		山东大学博物馆	一级	其他行业国有博物馆	是

续表

序号	省份	博物馆名称	质量等级	博物馆性质	免费开放
109	山东省（18家）	青岛市博物馆	一级	文物系统国有博物馆	是
110		青岛一战遗址展览馆	一级	文物系统国有博物馆	是
111		青岛啤酒博物馆	一级	其他行业国有博物馆	否
112		淄博陶瓷琉璃博物馆	一级	文物系统国有博物馆	是
113		齐文化博物院	一级	文物系统国有博物馆	是
114		山东省滕州市博物馆	一级	文物系统国有博物馆	是
115		滕州市汉画像石馆	一级	文物系统国有博物馆	是
116		烟台市博物馆	一级	文物系统国有博物馆	是
117		潍坊市博物馆	一级	文物系统国有博物馆	是
118		青州市博物馆	一级	文物系统国有博物馆	是
119		孔子博物馆	一级	文物系统国有博物馆	是
120		济宁市博物馆（朱复戡艺术馆）	一级	文物系统国有博物馆	是
121		威海中国甲午战争博物院	一级	文物系统国有博物馆	是
122		临沂市博物馆	一级	文物系统国有博物馆	是
123	河南省（9家）	河南博物院	一级	文物系统国有博物馆	是
124		郑州博物馆	一级	文物系统国有博物馆	是
125		开封市博物馆	一级	文物系统国有博物馆	是
126		洛阳博物馆	一级	文物系统国有博物馆	是
127		平顶山博物馆	一级	文物系统国有博物馆	是
128		安阳博物馆	一级	文物系统国有博物馆	是
129		中国文字博物馆	一级	文物系统国有博物馆	是
130		南阳市汉画馆	一级	文物系统国有博物馆	是
131		鄂豫皖苏区首府革命博物馆	一级	文物系统国有博物馆	是
132	湖北省（9家）	湖北省博物馆	一级	文物系统国有博物馆	是

续表

序号	省份	博物馆名称	质量等级	博物馆性质	免费开放
133	湖北省（9家）	武汉博物馆	一级	文物系统国有博物馆	是
134		辛亥革命武昌起义纪念馆（辛亥革命研究所）	一级	文物系统国有博物馆	是
135		武汉革命博物馆	一级	文物系统国有博物馆	是
136		长江文明馆（武汉自然博物馆）	一级	文物系统国有博物馆	是
137		武汉市中山舰博物馆	一级	文物系统国有博物馆	是
138		宜昌博物馆	一级	文物系统国有博物馆	是
139		荆州博物馆	一级	文物系统国有博物馆	是
140		随州市博物馆	一级	文物系统国有博物馆	是
141	湖南省（6家）	湖南省博物馆	一级	文物系统国有博物馆	是
142		长沙简牍博物馆	一级	文物系统国有博物馆	是
143		长沙市博物馆	一级	文物系统国有博物馆	是
144		胡耀邦同志纪念馆	一级	文物系统国有博物馆	是
145		刘少奇同志纪念馆	一级	文物系统国有博物馆	是
146		韶山毛泽东同志纪念馆	一级	文物系统国有博物馆	是
147	广东省（10家）	广东省博物馆（广州鲁迅纪念馆）	一级	文物系统国有博物馆	是
148		广州艺术博物院	一级	文物系统国有博物馆	是
149		广东民间工艺博物馆	一级	文物系统国有博物馆	否
150		广州博物馆	一级	文物系统国有博物馆	否
151		南越王博物院	一级	文物系统国有博物馆	否
152		深圳博物馆	一级	文物系统国有博物馆	是
153		广东中国客家博物馆	一级	文物系统国有博物馆	是
154		广东海上丝绸之路博物馆	一级	文物系统国有博物馆	否

续表

序号	省份	博物馆名称	质量等级	博物馆性质	免费开放
155	广东省（10家）	东莞市鸦片战争博物馆	一级	文物系统国有博物馆	是
156		孙中山故居纪念馆	一级	文物系统国有博物馆	是
157	广西壮族自治区（3家）	广西壮族自治区博物馆	一级	文物系统国有博物馆	是
158		广西民族博物馆	一级	文物系统国有博物馆	是
159		桂林博物馆	一级	文物系统国有博物馆	是
160	海南省（2家）	海南省博物馆	一级	文物系统国有博物馆	是
161		中国（海南）南海博物馆	一级	文物系统国有博物馆	是
162	重庆市（5家）	重庆中国三峡博物馆（重庆博物馆）	一级	文物系统国有博物馆	是
163		重庆自然博物馆	一级	文物系统国有博物馆	是
164		重庆红岩革命纪念馆（重庆红岩革命历史博物馆）	一级	文物系统国有博物馆	是
165		大足石刻研究院（大足石刻博物馆）	一级	文物系统国有博物馆	否
166		重庆三峡移民纪念馆	一级	文物系统国有博物馆	是
167	四川省（12家）	四川博物院	一级	文物系统国有博物馆	是
168		成都博物馆（成都中国皮影博物馆）	一级	文物系统国有博物馆	是
169		成都杜甫草堂博物馆	一级	文物系统国有博物馆	否
170		成都金沙遗址博物馆	一级	文物系统国有博物馆	否
171		成都武侯祠博物馆	一级	文物系统国有博物馆	否
172		四川省建川博物馆	一级	非国有博物馆	否
173		自贡市盐业历史博物馆	一级	文物系统国有博物馆	否

续表

序号	省份	博物馆名称	质量等级	博物馆性质	免费开放
174	四川省（12家）	自贡恐龙博物馆	一级	文物系统国有博物馆	否
175		四川广汉三星堆博物馆	一级	文物系统国有博物馆	否
176		5·12汶川特大地震纪念馆	一级	其他行业国有博物馆	是
177		朱德同志故居纪念馆	一级	文物系统国有博物馆	是
178		邓小平故居陈列馆	一级	文物系统国有博物馆	是
179	贵州省（4家）	贵州省博物馆	一级	文物系统国有博物馆	是
180		贵州省民族博物馆	一级	其他行业国有博物馆	是
181		遵义会议纪念馆	一级	文物系统国有博物馆	是
182		四渡赤水纪念馆	一级	文物系统国有博物馆	是
183	云南省（2家）	云南省博物馆	一级	文物系统国有博物馆	是
184		云南民族博物馆	一级	其他行业国有博物馆	是
185	西藏自治区（1家）	西藏博物馆	一级	文物系统国有博物馆	是
186	陕西省（9家）	陕西历史博物馆（陕西省文物交流中心）	一级	文物系统国有博物馆	是
187		汉景帝阳陵博物院	一级	文物系统国有博物馆	否
188		秦始皇帝陵博物院（秦始皇兵马俑博物馆）	一级	文物系统国有博物馆	否
189		西安碑林博物馆	一级	文物系统国有博物馆	否
190		西安博物院	一级	文物系统国有博物馆	是
191		西安半坡博物馆	一级	文物系统国有博物馆	否
192		西安大唐西市博物馆	一级	非国有博物馆	是
193		宝鸡青铜器博物院	一级	文物系统国有博物馆	是
194		延安革命纪念馆	一级	文物系统国有博物馆	是
195	甘肃省（4家）	甘肃省博物馆	一级	文物系统国有博物馆	是

续表

序号	省份	博物馆名称	质量等级	博物馆性质	免费开放
196	甘肃省（4家）	敦煌研究院	一级	文物系统国有博物馆	否
197		天水市博物馆（天水市伏羲文化博物馆）	一级	文物系统国有博物馆	是
198		平凉市博物馆	一级	文物系统国有博物馆	是
199	青海省（2家）	青海省博物馆	一级	文物系统国有博物馆	是
200		青海藏医药文化博物馆	一级	其他行业国有博物馆	是
201	宁夏回族自治区（2家）	宁夏回族自治区博物馆	一级	文物系统国有博物馆	是
202		宁夏回族自治区固原博物馆	一级	文物系统国有博物馆	是
203	新疆维吾尔自治区（2家）	新疆维吾尔自治区博物馆	一级	文物系统国有博物馆	是
204		吐鲁番博物馆	一级	文物系统国有博物馆	是